ずっと
働きたいと思える
職場の作り方

離職率30%→13%を
実現した経営者が贈る「感動マネジメント」

BELéBEL
学校法人ロイヤル学園　理事長
斉藤真治
SHINJI SAITO

辰巳出版

はじめに

社員が会社を辞めるのは全部上司のせい

「チームリーダーとして、部下やメンバーから信頼が得られない」
「自分の組織はどうも人が居つかず、コロコロと入れ替わりが激しい」
「モチベーションは高いが、結果が出ない」

経営者、各部署の長の位置にある方、そしてチームに所属するメンバーに至るまで、このような声を聞くことがよくあります。

もしも、あなたがこれに似たような悩みを抱えているとするなら、もう少し先を読み進めてみてください。きっとヒントが見つかるでしょう。

こんにちは。本書を手に取ってくださり、ありがとうございます。

私は学校法人ロイヤル学園の理事長をしている、斉藤《さいとう》真《しん》治《じ》と申します。

一部の方には「ベルェベル美容専門学校」の方が、耳なじみがあるかもしれません。

私は現在、約30年前に父親が創立した学校法人を引き継いで、理事長として4つの美容専門学校とビューティ&ブライダル専門学校を運営しています。

毎年約1000人の生徒さんにご入学いただき、技術はもちろん、業界で長く活躍するための人間性を育み、卒業後に社会で即戦力として働ける人材の育成を行っています。

そんな当学園は、実は、数年前まで離職が止まらない場所でした。創立以来一貫して、毎年約30パーセントの教員が辞めていく状態だったのです。

しかも、入社して3年以内で60パーセントが退職する。これがずっと続いていました。

「毎年30パーセントの離職」と聞くと驚かれるかもしれません。しかし、私のいる教育業界においてこの数字はまだマシな方で、一般的には40パーセント以上とも言われています。

教員という仕事は常に一定数の募集があり、過去の経験をそのまま活かせる仕事です。教員から一般企業のビジネスマンになるケースは稀で、教員から別の学校の教員へと、ある意味で潰しの利く仕事と言えます。

さらに、学校という組織は、毎年必ず卒業生が出ます。つまり、毎年3月には組織全体に〝そこを離れやすい雰囲気〟が生まれる業態でもあるのです。

だからといって、それが普通だと放置していいとは言えません。

毎年30パーセントが辞めるのであれば、それにともなった採用をしなければいけなくなります。**採用すれば教育をしなければならず、そこには時間もお金もかかります。**また、熟練度という意味でも、ずっと働いてもらえた方が、より質の高い教育を生徒たちに施すことができます。

私は理事長としてトップに立つ以前から、このことに懸念を抱いていました。

そしてあるとき、**離職の原因は、辞めた側にあるのではなく「辞めさせた側に100パーセントの原因があるのではないか」と、考えをシフトすることにしたのです。**

職場のリーダーに離職の原因の矢印を向けて取り組みを行った結果、なんとそれまで**毎年30パーセントを推移していた離職率が13パーセントにまで下がりました。**

そのキーワードとなるのが、本書のテーマでもある**「感動マネジメント」**です。

感動マネジメントと聞くと、サプライズや大げさな演出などをイメージするかもしれません。でも、本書でお伝えする内容は、そのようなパターン化したものとは違います。

本書では、リーダーとしての責任とともに、よいリーダー・ダメなリーダーの特徴も列挙しています。そして、ダメなリーダーの考え方や行動が、部下やチームメンバーの離職の原因であることも述べています。

だからといって、離職の責任までもすべてリーダーであるあなたに押しつけたいわけではありません。考え方をシフトするきっかけにしていただきたいのです。

本書を読んでいただくことによって、あなた自身の考え方や行動が変わり、結果としてチームが活性化して離職が低減すると信じていますし、それにともなったさまざまな成果を得てもらいたいと考えています。

どんな社員も、最初から「会社を辞めよう」と思って入ってくる人は一人もいません。最初はモチベーションが高く、そこで自身を成長させたり、何かを実現したり、充実した人生を送りたいと思って入ってくるものです。

そんな社員たちを迎えるリーダーへ、私が伝えたいことはたった一つ。

それが、この本のテーマである「感動マネジメント」です。

このマネジメントの力を常に成長させるよう努力しているチームリーダーのもとでは、社員は一人も辞めない、と私は信じています。

本書を通じてリーダーとしての考え方を学び直し、感動マネジメントを身につけて、自身のチームや組織のメンバーがずっと働きたいと思える職場を作りませんか？

この本が、人手不足の解消や離職率がなかなか下がらず頭を悩ませているリーダーの一助になれば、これに勝る喜びはありません。

ずっと働きたいと思える職場の作り方 ◆目次◆

第1章 あのチームはなぜ人が辞めていくのか？

第2章 自分を磨き続ける人が真のリーダーになれる

第3章 「感動マネジメント」があなたとチームの元気を作る

第4章

本当に人を動かすなら「感情」にフォーカスせよ

第5章 感動のある組織にこそ人は育つ

第6章 こんなリーダーにはなるな！ こんなリーダーになれ！

第7章

感動マネジメントで人を幸せにする人になろう

第1章

あのチームは
なぜ人が辞めていくのか？

美容業界の危機で気づいた「リーダー離職原因論」

「はじめに」で、**社員が辞める原因は100パーセント辞めさせた側にある**と考えていることをお話ししました。

まずは、私がそのように考えるきっかけとなったことから、お伝えしていきましょう。

私が関わる美容業界の人手不足問題は、かなり根深いところから始まっています。実は、超・就職氷河期と呼ばれた時代でも、人が集まらない業界だったのです。

今から約30年前。当時、日本はバブル経済と言われており、圧倒的な売り手市場でした。人材はどこへ行っても引く手あまたで、就職活動中の学生が一人で何社からも内定をもらうような時代でした。

しかしバブルが崩壊し、現在では「失われた20年」と呼ばれている時代に突入すると、就職事情は一気に買い手市場にシフトしました。

それまでとは打って変わって、何社受けてもなかなか内定がもらえない超・就職氷河期が始まったのです。大手企業がどんどんリストラを敢行《かんこう》し、世間に人があまる時代になった結果、フリーターや就職浪人があふれるようになりました。

そんな超・就職氷河期と言われた時代であっても、美容業界は人が集まりませんでした。

２０００年頃に始まった〝カリスマ美容師ブーム〟のおかげで、最大で年間４万人の美容師が生まれ、業界も一時的に盛り上がったことはありましたが、それもこの15年で一気に半減。現在は2万人程度になっています。

それなのに、サロンの数はほとんど変わっていません。むしろ増えていると言ってもいいくらいで、現在、全国でサロンの数は約25万1千軒以上、１日平均約10店舗がオープンしているのです。（厚生労働省統計、平成31年度版より）

なり手が減っていて、店舗が増えている――この状況は明らかに人手が足りないことを意味しています。独立や事業展開という点で出店は必要なことかもしれませんが、結果的にどこも人の取り合いになっているのです。

さらに、30代までの業界離職（美容師という仕事から離れる）がなかなか止まらず、どこのサロンも人の確保に悲鳴を上げている状態です。

美容業界からの離職が止まらない現状――生徒を育て、社会に送り出す立場の私たちからすれば、それは別の問題だと思われるかもしれません。

生徒たちが実際に社会に出て、どのような人生を歩むかは生徒次第。また、就職先で働き続けるか辞めるかも、その就職先の問題と思われるでしょう。

でも、そうではないのです。

なぜかと言うと、学園そのものは教育業ですが、職場にいる教員たちは、それまでの経歴で美容業界にいた人たちがほとんどです。もしも、業界から多くの人が離れてしまったら、私たちにとっても教員不足ということになってしまいます。

また、人材育成を目標に掲げる教育業の一端を担う者として、せっかく夢を持って入ってきた生徒たちを教育し、世に送り出したにもかかわらず、彼らが長続きせずに離職してしまうことは〝育てる側〟としての私たちがその責任をまっとうできていないことにもつながります。

業界離職は、生徒たち（美容師たち）や美容室などの職場だけでなく、教育の現場である美容学校や美容に関わるすべての人たちにとって、マイナス以外の何ものでもないのです。

そのようなことから、私は**どのような離職理由でも、まずは「リーダーの我々にできることはなかったのか」を考えるようにしました。**

生徒が辞めるのはリーダーである担任の教員の責任であり、担任の教員が辞めるのは、それを管轄する部署のリーダーの責任。部署のリーダーたちが辞めるのは、その上の管理職や幹部たちの責任。幹部たちが辞めるのは、組織の経営者である私の責任。

リーダーというと、小さなチームを率いる人、たとえばチームリーダーや主任、係長、課長、部長といった役職を思い浮かべるかもしれませんが、相対的に見ていけば、どんな層にもリーダーと呼べる存在はいます。

そんなリーダーたちの存在に目を向け、**「まずは矢印を我々に向ける」のもとに自分の組織を根本から見直すことにしたのです。**

「まずは矢印を我々に向ける」で、離職率が半分以下に

総務省統計局の調べ（平成26年）では、現在、日本には会社を含む全法人数は約

275万社に上るそうです。そして現在、ほとんどの会社で問題になっているのが**「人材不足」**です。

人材不足を引き起こしている原因にさまざまですが、大きく分けると「少子高齢化で働き手が減ったこと」と「離職率の増加」になるでしょう。

少子高齢化は政策の問題もあるので、一学校法人がどうこう言うことはできません。ですが、離職率の問題については、私たちリーダー層が考えるべきで、**社員が会社を辞めるか辞めないかは、「リーダーのマネジメント」にかかっていると言えるのです。**

まず、私の考える**離職の一番の原因は、リーダーが社員の「本音」をまったくわかっていないことにあります。**つまるところ、リーダーは社員が持っている不満のひとかけらさえ知らないのです。現実問題として、不満を持っている社員が上司に辞める本当の理由を言うと思いますか？　今までに会社を辞めたことがあるあなた。あなたは辞める時に、上司へ本当の理由を言いましたか。部下がなぜ離職したのか、本当の理由を知っているとリーダーは思い込んでいます。

これは非常に大きな問題ではないでしょうか。

社員が辞める本当の理由をリーダーがまったく知らない状態で、そのまま何年も、場合によっては10年も20年も、原因を突き止めないまま放置しているということです。当然ながら、この状態では雇っても雇っても辞めていく、「離職の負のスパイラル」に陥ります。原因がわかれば解決する方法はいくらでもあるのに、その機会を逃しているのは実に残念なことです。

もう一つ、多くのリーダーが勘違いしているのは、「会社を辞めるのは、辞める社員が悪い」と、辞めた側にすべての責任をなすりつけている点です。

私から言わせると、**それは大きな勘違い。仕事を教えたチームリーダー（上司、先輩社員、教育担当者）の責任が100パーセントです。**

その社員が在籍していた期間に、夢を与え、やりがいを与え、仕事を通して感謝される喜びを教えていれば、違った結果となっていたでしょう。つまり、それを教えていなかったことが原因なのです。

「まずは矢印を我々に向ける」に考えをシフトしたことで、私の学園では年30パーセントを推移し続けていた離職率が2年後には20パーセントを切り、さらに2年後には13パーセントにまで下がりました。それだけではありません。生徒の在籍者数も5年で15パーセント増えました。

本書では、経営者を含めたチームや組織をリードしていく人、上司であり、教育者である先輩社員などを「リーダー」と定義し、どのようなリーダーになれば社員が仕事に誇りを持ち、喜びを感じ、成長していくのか、その方法を具体的にご紹介していきます。

居心地のいい職場・悪い職場、何が違う？

そもそも、なぜ人はその職場を離れるのか？

会社・組織で離職が発生したとき、そこには何が起きているのか？

一言で言うと、**「もうここにはいたくない」**と思うから人は辞めます。居心地が悪いのです。では、居心地のよさ・悪さに大きく関係しているのは何か？　それは「人間関係」

です。極端な話、企業でも小さなコミュニティでも、**リーダーがそのチームの人間関係の構築に気を配っているかどうか**で、全体の人間関係のよし悪しは決まってくると言えます。

たとえば、周囲が話しやすい・意見を言いやすい環境、何かあったときに揉め事に発展しないよう事前に根回しをしている、いいこと・悪いことをきちんと指導できている……リーダーがチームの人間関係への興味を持ち、このようなことを意識して実践できていれば、自然と人間関係はよくなり、居心地のいい職場ができあがります。

一方で、リーダーがメンバーに興味を持たず、ほったらかしだったり、相談しにくい環境や、リーダーの独断で社内規定とは別に勝手なルール（「仕事中は私語禁止」「自分より先に帰宅禁止」など）を作ったりすると、とたんにそこは居心地の悪い場所になってしまいます。

居心地の悪い場所で働かなくてはいけない、所属しなくてはいけなくなってしまったメンバーは、自然と愛社精神をなくし、仕事に対するモチベーションを下げ、最悪の場合はそこを離れようと考えるようになるのですが、それを意識できていないリーダーが、意外と多いのです。

仕事のすべては配属先のリーダーで決まる

チームのメンバーや部下は、リーダーを選ぶことができません。配属されて、そのチームに入ってくるからです。同様にリーダー側も、「このチームのリーダーになりたい」と選ぶことはできません。それは会社や組織が決めるものだからです。

リーダーにとってみれば、「こんなメンバーがいて最悪だ」と思うこともあるかもしれません。でも、同時にメンバー側も、「こんなリーダーのいるところに配属されて最悪だ」と思っているかもしれないのです。

メンバーや部下にしてみれば、**「配属先でどんなリーダーに当たるか」が、その会社に入った後のすべて**と言っていいでしょう。最悪なリーダーに当たれば会社はまさに〝地獄〟ですし、最高なリーダーであれば〝天国〟です。

もちろん人間ですから、相性はあります。相性のいいメンバーだけで構成された方が、チームは強くなります。しかし、1億2500万人以上の人口があって、さらに人手不足の現在、そんな理想的なチームができる確率はほとんどゼロと言っていいでしょう。だからこそ、リーダーはメンバーにとってのそのチームを地獄にしてはならないのです。

自他ともに認めるブラック企業でもない限り、**リーダー次第で離職率は変わる**と思ってください。

「やむを得ない事情で辞める」は本当？

離職の際、〝やむを得ない事情〟で辞めていく人も多くいます。

体調不良でこれまでのように働けなくなった、親の介護のために仕事を変えないといけない、寿退職、本当にやりたいことのための転職・独立、パートナーの転勤……。ただ、これらが本当の事由かどうかを確かめる術はありません。もちろん、辞めていった人たちがみんな、リーダーにウソをついていたと言いたいのではありません。

ですが、真剣に考えてみてください。

本当に全員がそんな〝やむを得ない事情〟ばかりで辞めていくのでしょうか？　それが退職のきっかけや引き金になることはあると思います。そういう意味で、ウソをついているのではないかもしれない。

でも、**その根底にこそ離職の理由の本質が隠されている**とは考えられないでしょうか。

逆の立場になって考えてみてください。

もしも居心地が悪く、人間関係のギスギスした職場やチームにあなたが属しているとして、できれば転職したり、とりあえずこの職場から離れたいと思ったとします。きっと、辞める理由をあれこれと考えるのではないでしょうか。

というのも、本音は言えないからです。

「この職場が嫌だから転職します」や「あなたが嫌だから辞めます」と言えば、必ず揉めるでしょう。そうでなくても、相手がやむを得ないと思ってくれないと引き止められますし、辞めたい側からするとそんな面倒はゴメンです。また辞めるまでの間、さらに居心地が悪くなります。

だから、何かしらの〝やむを得ない事情〟を見つけて、辞めていくのです。

この問題の根深いところは、単に、その人の辞める理由が本当かどうかだけではありません。

さらなる問題は、リーダー側が辞めていく人の本当の離職理由を知らない、**特に実際の要因となった当人の耳には、絶対に入らないようなコミュニケーションの仕組みになってしまっていることです。**

辞めたい人は基本的に波風を立てたくない、誰かに止められたくないから、やむを得ない事情を見つけて辞めていきます。それを考え始めた時点で、辞める当人の中には、その会社や組織に対する興味はもうほとんどありません。それはもちろんリーダーに対しても同じです。

自分が辞める会社がどうなろうが、リーダーや上司がどうなろうが、どうだっていい。今後その会社がどのような道をたどろうが、リーダーがどのような失敗をしようが、興味がないものです。

だから、辞める人が正直に「私は辞めますけど、あなたのここを直した方がいいですよ」「この会社はここに問題点があります」などと、わざわざ教えてくれません。もしも、このような進言があればまだマシですし、中には同僚や仲のいいメンバーに本当の離職理由を打ち明けて、それが上層部に届いたりすれば、対処の仕方も出てきます。

ただ、その場合であっても、離職要因となった当人の耳に入ってくることはまずないでしょう。

私の考えでは、**9割の離職者が本音を隠したまま何かしらのやむを得ない事情で退職し、**残り1割も、離職要因となった当人以外の人にだけ打ち明けるので、ますます当人の耳に入ってくることはない。

つまり、チームをまとめる責任を有する**リーダーが、部下が辞める際の本音を知ることはほぼ100パーセントないと言えるのです。**

リーダーの口癖がチームのマインドシップになる

こういった事実を知らず、退職した人の理由をそのまま鵜呑みにして「辞めたのは向こうの事情」と割り切ってしまうリーダーが現実には少なくありません。しかし、このようなリーダーの認識は、組織にとってとても危険です。

　というのも、リーダーの意識は発言となって伝わり、チーム全体のムードを形づくってしまうからです。たとえば、言い訳ばかりするリーダーがいると、メンバーや部下たちは自然とそれをマネして、何かが起きたときに自分も言い訳をするような人間になってしまいます。つまり、結果を出せなかったことをリーダーが誰かの責任にしたり、会社や取引先のせいにしたりすると、メンバーも「そうですね」と何事においても責任転嫁するようになり、物事に対する責任を感じない人間に育ってしまうのです。

　先ほどのことで言うと、退職の理由も相手の責任と考えることをリーダーが当たり前にしていると、メンバーも自然とそう考えるようになり、人を大切にする心が失われ、離職は加速していきます。これほど組織にとって危険なことはないでしょう。

リーダーの口癖が、チームのマインドシップになるのです。

部下がリーダーを一瞬で見下す瞬間

　さらに、組織の崩壊のきっかけとなるのが、メンバーや部下がリーダーを見下す出来事があった瞬間です。

では、人はどんなときにリーダーを見下すのか？　それは、端的に言うと、**人を雑にあつかったときです。**その瞬間に多くの人は「このリーダーはダメだ」と思ってしまいます。

リーダーがネガティブな発言や、人として言ってはいけない発言を平気でしたりすると、チームの雰囲気はさらに険悪なものになり、崩壊へ拍車がかかります。

たとえば、発言そのものの種類が社会人としてアウトな場合。「死んでしまえばいい」や「頭がおかしいんじゃないか」や「やっぱりあいつはダメだ」というような、人格否定になる言葉です。

粋がっている高校生ならともかく、このような発言を社会人にもなったリーダーがするはずがない、と思われるかもしれません。ですが、実は一定数、こういう発言をする自分をカッコいいと感じている人たちもいるのです。メンバーは当然、このようなリーダーの発言に対して注意はしません。注意しようものなら、何を言われるかわかったものではないからです。「そうですね」と同調している素振りをするだけで、**心の中ではリーダーを人間として見下し、一気にモチベーションを下げてしまうのです。**

お恥ずかしい話ですが、私の運営している組織でも、似たようなことが過去にありました。上司からの命令を受けたリーダーが、上司のいないところで自分の部下に対して「どうして、あんな命令を聞かないといけないんだ」と愚痴を言っていたことがあったのです。他にも、自分の事務所で上司の悪口を言い、それを部下に聞かせているというケースもありました。

もしかしたらリーダーとしては、問題があれば部下が諫《いさ》めてくれたり、何かしらの進言をしてくれると思っていたのかもしれませんが、そんなことは99パーセントありません。なぜなら、部下はそんな発言をするリーダーによくなってほしいなどと思っていませんし、**仮に信頼を集められるリーダーであれば、もともと部下の前で愚痴など吐かないからです。**

結局、その話は回りまわって私の耳に届きました。そのとき、とても印象に残ったのは、リーダーが言っていた上司の悪口の内容ではなく、それを伝えてきてくれた部下がポツリと漏らした言葉でした。

「リーダーがずっと愚痴ばかりの職場環境に、これ以上は耐えられません」

このような職場に、人が居つくはずはないのです。

自分たちのリーダーの愚痴で部下は一日中盛り上がる

こういったことにより生じる悪影響は、実は瞬間的なものだけではありません。長い目で見たときにも、大きな影響を及ぼします。

リーダーがチームのメンバーや部下から人間的に見下されている環境にあると、メンバーは自然とストレスを感じるようになります。「どうして、こんな上司に指示されないといけないのか」と、先ほどの、上司の愚痴を言うリーダーと同じようなマインドになり、ともすれば仲間同士で集まってストレス発散の場を設けるようになるのです。たとえば、飲み会を開いて、直接は言えないリーダーへのダメ出しで盛り上がり、リーダーやチーム・組織への信頼度をさらに下げて次の日を迎えます。

ここで一度考えてみてください。

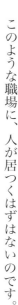

メンバーたちもまた、いずれはリーダーになる可能性を持っている、ということを。

自分の上司へのダメ出しでしか盛り上がった経験がないメンバーは、果たしていいリーダーになれるでしょうか？　もしかしたら、中には意識の高い人がいて、ひどいリーダーを反面教師にして、改善案を考え、自分で実行しようとするかもしれません。そういう人であれば、いいリーダーとして成長する可能性もあるでしょう。

ですが、リーダーへのダメ出しでストレス発散をしているメンバーに、そのようなことを期待するのはなかなか難しいもの。だからこそ、リーダー自身がよい背中を見せて、導いてあげる方がずっと確実です。

今日、この瞬間のリーダーの言動が、未来のリーダー育成にもつながっているのです。

〝完璧超人〟なリーダーこそが好かれると思っていませんか？

逆のパターンで、リーダーの中にはチームのメンバーや部下の離職の原因を自分事としてとらえ、同じ過ちを繰り返さないために行動を起こす人もいます。これを読んでおられるあなたは、そちら側の人かもしれませんね。

ただ、その行動の方向が間違っていると、改善どころか残ったメンバーたちのモチベーションをも下げてしまう結果になりかねないのです。たとえば、これ以上の離職者を出さないために、メンバーからの信頼を勝ち得ようとし、リーダーとして完璧であろうとしてしまう人。完璧であろうとするあまり、自分が得意なこと・苦手なことにかかわらず、何でも自分でやろうとする。そんな〝完璧超人〟なリーダーになろうとする人が意外と多いのです。

これは、根が真面目だからだと思います。メンバーや部下に仕事を振るにしても、まず自分がちゃんとできたうえで振らないといけないと真面目に考えてしまう。だから、得意なことはもちろん、苦手なことでもまずは自分がやろうとしてしまうのです。

その真面目さはとてもすばらしいことなのですが、リーダーとして完璧をめざそうとするのは100パーセント無理です。なぜなら、人にはそれぞれ得意分野というものがあるから。計算が得意な人、企画力がある人、細やかなフォローができる人……人間である以上、リーダーにもそれぞれの得意分野があります。その一方で、もちろん不得意な分野もあります。

だから、リーダーになったからと言って、それらすべてのスキルの平均値を高める必要はありません。むしろ、メンバーがいるのであれば、メンバーそれぞれの得意分野で積極的に任せていけばいいのです。

そこを意識せず、何でも自分で抱えてしまうリーダーは、部下に気を配っていない証拠です。真面目であるがゆえに、自分の責任ばかりに意識が向いてしまう。部下は「こっちに振ってくれたらやるのに」と思いつつ、やがて仕事やその職場環境をつまらなく感じ、最終的にはモチベーションを下げてしまうのです。

ずっとプレイヤーのリーダーは、部下を信じていない証拠

もちろん、リーダーになったからと言って、何から何まで仕事をメンバーや部下に振らないといけないとは言いません。野球の世界で選手と監督を同時にこなす人が少なからず

いるのと同様に、職場の中でも現場のプレイヤーとマネジメントを兼任するプレイングマネージャーというポジションもありますから。

ただ、リーダーになったにもかかわらず、いつまでも完全なプレイヤーでいたいと思うのは、メンバーや部下を信じておらず、**「自分がすごいと思われたい」「任せるより自分がやった方が早い」と思っている証拠**だと、とらえられかねません。仮にあなたにそのつもりがないとしても、周囲からはそのように思われているのです。

当然、そのようなチームではメンバーの信頼はリーダーへ集まりませんし、リーダーが向かいたい方向にチームが一丸となることもありません。

自分で自分の首を絞めるリーダーとは？

部下に仕事を振れない、任せられないリーダーは、必然的に自分で自分の首を絞めることになります。

上司から与えられた仕事を基本的に自分で抱えこんでしまうので、メンバーや部下を成長させられない。とはいえ、結局、自分一人ではとても処理しきれなくなり、ギリギリになって誰かに振らざるを得なくなる。でも、普段から任せていないために土壇場で仕事を振られても部下はスケジュールに合うようには対応できず、結局はリーダーがやらざるを得ない状況に陥る……。

精神的に追いこまれ、肉体的に疲弊する悪循環の誕生です。

たとえば、10個の仕事を渡されたとき、人に振るのが上手なリーダーと下手なリーダーでは、初動が違います。

下手なリーダーはまず自分ができそうな仕事から手をつけ、それが完了するまで誰かに振ったりすることを考えません。「自分でやった方が早い」「メンバーや部下への仕事の教え方がわからない」「振ってもできないだろう」「自分でやらないとスケジュールに間に合わない気がする」などの思いこみも、これに拍車をかけます。結果、自分ができる仕事を終えたときには、苦手な残りの仕事が山積みで、結局は自分を追いこんでしまうのです。

一方で上手なリーダーは、**自分のやるべき仕事を最後に回し、まずは「誰かに協力をお願いしないといけないこと」を最優先事項として決めます。**「情報収集」「資料の作成」

「外注案件」などを最初にリストアップするのです。さらに「いつ」「誰に」「どうやって」振るかを具体的にまとめて計画を立ててから、それぞれに仕事を振り分けます。すると振られた側も自分の役割を正確に認識でき、安心と責任感を持って仕事を遂行することができます。

自分で自分の首を絞めるリーダーと、チームを活かせるリーダーの違いは、初動のときから決まっていると言えるのです。

ホワイト企業でも、人が辞める問題を抱えている

これを読んでいるあなたに、一つ質問をします。

一人の社員を採用するまでにかかるコストがどのくらいか、知っていますか？

採用・研修担当者のための新卒採用支援情報サイト「マイナビ」によると、**採用者一人あたりにかかった費用の平均は48万円**とのこと。（「2019年卒マイナビ企業新卒内定状

況調査」より）

これは、一般的な企業の新卒社員２人分の初任給に相当する額です。

私が関わっている美容業界は、他のさまざまな業態と比較しても給料が安いことで有名で、新卒の初任給の平均は17万円ほど。もちろん、地方や企業によって増減はあります。

しかし、それを差し引いても、採用者一人あたりにかかるコストは、美容業界の場合、新卒社員約３人分の初任給に相当するのです。

「人を雇うコストなんて採用担当や、経営幹部の考えることじゃないの？」

そう思われるかもしれません。

しかし、小規模な組織であっても、大企業の一部署であっても、そこのリーダーである以上はチームの「長」です。自分の部下たち一人ひとりがそこにいることにはどれだけのコストがかかっているのかを、基本的に理解しておかないといけません。

たった一人でもこれだけのコストがかかるのですから、雇った人のことは大切にしなければなりません。

さらに現在は、人手不足な世の中。かつての超・就職氷河期のように企業側が人を選んで採用できる時代はすでに終わり、求職者側が進みたい先を選びやすい「売り手市場」の世の中です。セクハラやパワハラなどのハラスメント問題への対処は言うに及ばず、社員やアルバイトがやりがいを持てたり働きやすい職場環境を整えることも、企業側やリーダー側の責任としてとらえられる時代になりました。

「そんなことを考えないといけないのは、ブラック企業だけでしょ？」
「ウチはちゃんと社員のことを考えて福利厚生を整えているよ」
「チームリーダーとして、メンバーを大切に考えているよ」

そんな声が聞こえてきそうです。たしかに、いわゆる「ブラック企業」と呼ばれるような会社・組織では、残業代の未払いや休日出勤も含めた過重労働、福利厚生の未整備、ハラスメントの横行などがあるでしょう。

はっきり言ってしまうと、そういうところは問題外です。もうおわかりでしょう。**経営側が意思決定をでき、整備できる環境とは別のところに離職の問題は隠れているのです。**

人が辞めるチームのリーダーができていない３つのこと

本章の締めとしてお話ししておきたいのが、本書でお伝えするノウハウは、私が実際に経験し、そこから見出したリーダー論である、ということ。そして、当学園が創立当初から基本としてきた**「感動」をテーマにしている**ということです。

私自身、大学を卒業してから学園の職員としてさまざまな部署を経験し、２０１４年に父親から事業を引き継いで現在に至ります。最初は、創業経営者の息子として〝腫れものあつかい〟でしたし、新設校の起ち上げという過酷な環境では、上下の連携がうまくいかなかった経験もしてきました。そして、それぞれの分野でマネジメントされる側・マネジメントする側の理屈を学んできました。さらに、一度学園を離れて一般の企業に転職し、マネジメントについてさらに深く学び、自分の考えていることが、自分が関わる教育事業以外の分野でも通用するかどうか、確かめてきたのです。

よいリーダーになるためにするべきことは、実はシンプルです。

「方針を示す」「とことん話を聞く」「納得するまで話す」

この3つをきちんと実践していれば、自然とよいリーダーになることができます。

ただ、このシンプルなことを意外とできていない人が多いのです。それは外部でもそうでしたし、恥ずかしながら当学園のリーダーたちもまだまだ完璧にできているとは言えません。結果、「こんな人にはついていきたくない」と、チームのメンバーや部下は離職してしまうのです。

しかし、この3つを実践しているリーダーは確実に上手に部下をマネジメントしていますし、私自身このやり方を現場時代に実践して、うまく部署を機能させることができました。

どうしてそうなれるのかについては、次の章からくわしくお伝えしていきますが、まずこの3つが重要であることを理解しておいてください。

第2章 自分を磨き続ける人が真のリーダーになれる

完璧なリーダーより、成長するリーダーであれ

どんなリーダーだと人の辞めないチームを作れるのか？

それは、**リーダー自身が完璧であることよりも、チーム全体を成長させ成果を出すという意識を持った人であること**です。

自分の一つひとつの能力が完璧なことよりも、チームを成長させ成果を出すことに特化したリーダー、苦手なことがあるなら自分も成長できるように勉強し、いい影響をチーム全体に与えられるリーダーであることが理想です。メンバーや部下がどうすれば成長できるかを考え、そのために自分には何ができ、逆に今は何ができず勉強しなければならないのか、それを考えて行動に移せる人が優秀なリーダーと言えます。

そのような意味では、**完璧を求めて仕事ばかりをするリーダーより、成長のために勉強ばかりするリーダーの方がずっとマシ**だと私は考えます。そこには、現状維持に対する危機感が秘められていると思えるからです。

与えられた目の前の仕事を精いっぱいこなすことはもちろん大切なことですし、社会人

としてすばらしい行為です。ただ、一般社員ではないリーダーがその意識にとどまっていては、会社として、チームとしては現状を維持しているだけ。次のステージへのステップアップは望めません。それだけではなく、成長ストップはチーム崩壊の序曲でもあるのです。

なぜなら、社会は常に動いているからです。**現状維持＝その場にとどまることであり、常に動いている社会でその場にとどまっていては、すぐに置いていかれてしまうのです。**

私は教育産業に身を置いているので、それを特に感じます。

なぜかというと、教育産業は衰退産業です。少子高齢化の影響で、今後は確実に生徒数が減ることがわかっています。さらに、私の関わる美容業界では、カリスマブームが去って、この15年間で美容師になる人が年間4万人から2万人にまで減っています。そんな中で「現状維持でいいや」と考えていては、確実に状況は悪化します。むしろ、周囲よりも勉強して成長しないと生き残れません。

こう書いてしまうと、私が特殊な業界に身を置いているがゆえに生じた考え方のように思われるでしょう。しかし、一般の企業でも、これは同じなのではないでしょうか。急成長している業界であっても、この一瞬は伸びていても、いずれは安定期に入ります。そうすれば、他の安定期に入った企業と同じです。

「今年はうまくいったから、来年もこれでいこう」では誰も成長しませんし、いつかどこかで自分たちよりも秀でた存在が現れたら、負けてしまいます。不要な存在になってしまうかもしれないのです。

だからこそ、会社でもチームでも人を辞めさせている場合ではなく、一緒に成長しないといけない。その要となるのが、リーダーなのです。

リーダーが自分・相手に対して持つべき10の心がまえ

リーダー自身が成長するために、心得ておかなければいけないことが10あります。さらにそれらは、**「対・自分」「対・相手」**の2つに大きく分けることができます。

「対・自分」は、普段の仕事やプライベートで**リーダー自身が心がまえとして持っておくべきこと。**

「対・相手」は、**チームのメンバーや部下、そして仕事に関わる外部の方々やお客さまに対して、重視しなければいけないことです。**

次から、それぞれ5つの心がまえをお伝えします。これらを実践して自分磨きをすれば、人の辞めないチームを作ることはそんなに難しいものではなくなるはずです。

対・自分への心がまえ

◉「チーム全員の成功」がリーダーの責任

チームとしての成長に何より欠かせないのが、チーム全体の成功です。

たとえば、会社のそれぞれの課やチームで設定された数値や金額を達成する、プロジェクトを成功に導く、当学園で言えば、クラスの生徒全員が国家試験に合格する……成功といってもさまざまですが、どのような場合でも共通しているのが、**メンバーや部下を一人残らず成功させるのがリーダーの責任である**ということです。

この〝一人残らず〟というのがポイントです。それができてこその「チームの成功」と言えるからです。「チームの中で一人だけ目標を達成できなかったけれど、フォローしてトータル的にチームで達成したからＯＫ」や「平均値で目標をクリアできたからＯＫ」ではありません。

このような「トータルでＯＫ」な考え方は、今の社会では一般的になっていると思いますから、そうではないと断じてしまうと少し厳しく感じてしまうかもしれません。

たしかに、その考え方は〝問題ない〟です。

しかし、私は本書では、**それは〝最上位ではない〟**とお伝えしたい。できれば、その一歩先へ行ってもらいたいのです。目標を達成できなかった人をそのままでＯＫとしてしまっていいのか？　答えはＮＯです。「リーダーの役割としては失敗」と私は見ます。メンバーであれば、その考え方でもいいでしょう。しかし、リーダーはその考え方ではいけません。チームの中で目標を達成できなかった人にも、絶対に成功させるための何かしらの対策を取ってあげないといけない。

リーダーとして、目標を達成できなかった人のために、もっとできることはなかったか？　そのような考え方にシフトすること、**自分自身にまず達成できなかった原因の矢印を向けることが、リーダーの責任**なのです。

さらに言うと、リーダーはメンバーや部下が「今後、どうなりたいか」を明確に把握し、それを支援できる存在である必要があります。もし、部下が理想を持っていないなら、それを与えてあげられること。メンバーや部下が「自分は今のままでいいです」と言おうものなら、「それがどれだけ危険なことなのか」と具体的に伝えられるようにならないといけません。

「今のままでいい＝現状維持」です。時代が動いているのに現状維持では社会に置いていかれてしまうことは、すでに述べました。部下に理想を与え、もしくは理想に近づけるよう支援し、ともに成長できなければ、待っているのは衰退だけです。

チーム全体を成功に導き、メンバーや部下とともに成長することは、リーダー自身のステップアップにもつながります。

本書を通して、このような考え方にシフトしてください。でなければ「真の意味でのチームの成功」にはならないのです。

◉リーダーは社会の動きを最低限おさえておくこと

リーダーとして、最低限の社会の動きをおさえておくことは必須と言えるでしょう。

最低限の教養や自分が関わる業界の情報を収集し、無意識にいつでも拾えるように、意

識を高めておく必要があります。

たとえば、当学園で言えば、生徒の55パーセント以上が奨学金を申し込んで入学してきます。その割合は年々増加傾向にあり、60パーセントを超える日もそう遠くないでしょう。

奨学金が増えた理由としては、親世代の収入が下がっていること、そして奨学金そのものの認知度が上がり、「自分の決断で選んだ道なら自分でお金を払いなさい」という保護者の意識が強くなったことなどが挙げられます。

どちらの理由にせよ、「奨学金」といえば聞こえはいいですが、ありていに言えば〝借金〟です。2年間で約250万円。もしも、4年制の私立大学へ行くのであれば、その倍はかかるでしょう。つまり、奨学金を使って学校へ通う彼らは、卒業して新社会人になったときには数百万円の借金を抱えた状態でスタートすることになるのです。当然、働きながら返していくことになります。月2万円ずつ返済したとして、10年以上はかかる計算です。20歳で就職しても、借金を返し終わる頃には30歳を越えているのです。

さらに言えば、無事に就職して完済できればまだいいですが、何かしらの理由で就職できなかったり途中退職した場合、もしくは専門学校を出たのにその業界から離職した場合、本当は夢のためにした投資が、ただの負債になってしまいます。このようなことを知識として理解したうえで、彼らの教育を行い、成長できるよう指導をしていかないといけません。

この意識の持ち方は、一般企業でも置き換えることができます。

一般企業で、すべてのチームメンバーや部下が奨学金を背負っているとは言いません。しかし、彼らの中にはそうやって苦学生をして就職してきた人もいます。そうして就職した社員たちが、どのような思いを持って自分のチーム・組織に入ってきたのか、何を成し遂げたいのか、そしてリーダーはそのために何ができるのか、を考えておかないといけません。

また、業界の情報についても、最近は大手製造業での不正の発覚が相次ぐなど、驚くべきニュースがありました。同じ製造業の人なら、「ウチは大丈夫だろうか?」と不安になるでしょう。そんなときにこそ「人のフリ見て、我がフリ直せ」の精神で、社会の動きをおさえておくことが必要です。

リーダーだけの力で業界全体を変えられるわけではありませんが、その問題意識や、仮に自社に不正がないならないで、それを取引先に説明できるような準備をする意識を持っていなければならないのです。

社会の動きや業界の知識というと、大量の情報や歴史を学ばないといけない気がするかもしれません。可能ならぜひやってもらいたいですが、難しいようなら、せめて〝最低限〟はおさえておきましょう。

◉「自分がチームのボーダーラインである」という意識を持つ

組織のリーダーである以上は、**身だしなみや挨拶もリーダーたる条件**になります。

なぜなら、リーダーはメンバーや部下の見本であり、その外見やふるまいの一つひとつがチームのボーダーラインになるからです。

たとえば、髪の毛がボサボサで無精ひげが生えていたり、サイズの合わない、TPOをわきまえていない服装をしていたりすると、部下はそれを見てリーダーを見下すばかりか、自分自身の外見の基準も下げてしまいます。特別な美意識や、ことさら身だしなみに気をつけているメンバーや部下なら別かもしれません。しかし、彼らすべてがそうだと期待するのはリーダーの甘えというもの。

「自分がチームの規範である」という意識を持って、普段から気をつける必要があるのです。

何も特別なオシャレをしたり、高級なものを身につけろというのではありません。清潔感のある、社会的に整った身だしなみをしていれば充分です。靴を磨いておく、フォーマルな服をきちんと着こなす、髪型を整える、汚れたものや臭うものをそのままにしないで清潔に保つ……どれも当たり前のことです。リーダーが身だしなみに気を遣っていると、メンバーや部下はそれを見て、自分の身だしなみを考え直すようになるのです。「ちゃんとしているリーダーだから、自分もきちんとしないといけない」という認識が生まれ、最初は意識的に近づこうとするでしょう。やがてそれが当たり前になると、本人にとっての正しい身だしなみが身につくのです。

挨拶も同じです。リーダーの挨拶が基準になります。

リーダーが適当な挨拶をしていると、メンバーや部下も同じようにおざなりな挨拶をするようになります。目を見て挨拶をしない、パソコンの手を止めて挨拶をしないなど、人として当たり前な姿勢がなければ、**規律が徐々に乱れ、お客さまに対してもまともな挨拶ができなくなり、チームや組織だけでなく会社の崩壊につながります。**

当学園では、挨拶がどれだけ大切なものかを研修などでしっかり教育、指導しています。（くわしくは次の章でお伝えします）ただ、それでも配属先のリーダーの挨拶が適当だと、それ以上のものにはなりません。そして、自分がきちんとできないリーダーに限って、相手には「きちんとしなさい」と求めるのですが、それはおかしなことです。身だしなみしかり、挨拶しかり。たとえばゴミが落ちていたら、まずはリーダーがゴミを拾って「あそこにゴミが落ちていたよ」とメンバーに伝える。整理整頓なども、同じことが言えます。

人を導く立場であるリーダーだからこそ、自分が率先垂範《そっせんすいはん》することが重要なのです。

◉「自分に矢印を向ける」を勘違いしないこと

第1章で離職率を大幅に下げるに至ったきっかけとして、離職の原因の矢印をリーダーに向けた、ということを述べました。トラブルが起きたとき、その原因や責任の矢印を自分に向けることはとても大事ですが、気をつけないといけないことがあります。

それは、**「とりあえず自分が悪い」とは思わない**ことです。

矛盾しているように聞こえるかもしれませんが、そうではありません。

何でもかんでも自分が悪いとしてしまうと、とりあえず謝罪して終わりになるからです。メンバーが辞めた、プロジェクトが失敗した、クライアントやお客さまからクレームを受けた……さまざまなシチュエーションがあると思いますが、リーダーが「私が悪いです。すみません」と、とりあえずあやまろうとすると、そこで思考停止してしまいます。

さらにこれが癖づいてしまうと、リーダー自身が自分で自分を追い詰めるようになり、やがて自信をなくしてしまうのです。

原因の矢印を自分に向ける目的は、そこから改善点を見つけ出すためです。リーダーはそのために、自分に矢印を向けるのです。

たとえば、部下がミスをしたとき、「バカ野郎！」と怒鳴るのは当然ＮＧとして、まずは自分に矢印を向けて改善の余地のあるところを探す。そもそも**自分の指示の出し方は間違っていなかったか、メンバーや部下のミスに対して事前にそれを回避する動きができなかったか、フォローは充分だったか**……それを考えたうえで、相手に矢印を向けて改善ポイントを指摘するのです。

そして、チーム全体で同じ過ちを繰り返さないですむよう導いていくことが、リーダーの役割です。

◉自分の仕事は１００人に支えられていると認識する

リーダーは、一人で仕事をするわけではありません。

自分の仕事にどれだけの人が関わっているのか、その組織全体を把握しておくのもリーダーの役割の一つです。

それは、「メンバーや部下に支えられている」というありきたりな意味だけを指すのではなく、もっとたくさんの人たちが自身の仕事に関わっていることを認識しておかないといけない、という意味を持っています。

「一つの仕事にどれだけの人が関わっているか」を認識しているかどうかで、リーダー自身が困ったときに、部署を越えて相談できる相手の数が変わってくるのです。私は、これを「１００人いると思え」と教えています。

当学園で言えば、教務主任は教務担当の教員たちをまとめるチームリーダーの位置です。もし、学費で困っている生徒がいたとしても、教務主任が「それは自分には関係のないこと」と考えてしまえば、その生徒は放置されてしまい、学費問題はいつまでも解決されず、最悪の場合は退学してしまうかもしれません。

しかし、教務主任が自分の関わっている仕事全体を認識し、教務は「教育」、経理は

「学費」、広報は「生徒募集」と、それぞれの関わりや組織の成り立ちを理解していれば、学費で困っている生徒の情報が入ってきたときにその相談相手の判断ができます。教務主任が直々に生徒に「よかったら経理の人に相談してみる？」と声をかけて同行してもいいですし、自分のチームのメンバーや部下たちに情報を伝え、対応するよう指示を出すこともできます。

このように、リーダーとしてチーム全体を成功に導くためには、さまざまな問題に対応しなければいけないケースも出てくると思います。そんなとき、**周囲に助けを求めることができるか否か、その情報を把握しているかどうかで、結果は大きく変わってきます。**また、困っているメンバーや部下をフォローする手段として、自分が助けるのか、助けられそうな誰かを見つけてあげるのかといった側面からも、仕事にどれだけの人が関わっているかを把握しておくことが大事です。

同時に、その情報や状況をメンバーや部下に教えておくことも重要です。

対・相手への心がまえ

◉「仕事の目的」を理解させ、自走するチームをつくる

リーダー自身が成長するための、対・自分への心がまえができたら、次は相手への心がまえです。先ほどあげた、チーム全員を成功に導けるリーダーとは、どのような存在なのか？　どのような条件が揃っているのか？

まず言えるのは、よいリーダーは「仕事の目的」を理解させるのがうまいです。

「なぜ、その仕事をするのか？」「そもそも、なぜ仕事をしているのか？」「このチーム・組織は何を目指しているのか？」「チームにおける自分たちの責任とは何か？」といったことを、たとえ話を出しながら、かみ砕いて伝えることができます。リーダーとして「的確な指示」を出すことは誰もが当然意識していると思います。しかし、その「的確な指示」が細かい作業の方法に偏っていないか、注意が必要です。細かい作業の方法ばかりを指示すると、作業のやり方だけを求める部下に育ちます。よって自主的に取り組めない指示待ちの部下になってしまうのです。

大方のリーダーには、その上にさらに上司が存在していると思います。係長がリーダーであれば課長が、課長がリーダーであれば部長が、というように。そこで、それぞれのリーダーの上司から降りてくる目標やプロジェクトや指示をそのまま部下に伝えるのではなく、**個々のメンバーや部下のレベルに合わせて伝えられること。**それがよいリーダーの条件の一つです。

たとえば当学園で言えば、理事長である私が各校の校長に「この学年の欠席率が高いので、改善してください」と伝えるとします。もしも、校長がこの指示を各学園のクラス担任にそのまま伝えても、おそらく担任の教員たちは「わかりました」と返事をしつつも、具体的に何をすればいいかわからないでしょう。そこを、課長や主任が「今のクラスはこのような状態だから、具体的にここを改善して欠席率を下げてください」とまでそれぞれの担任に砕いて伝える。上から降りてきた1の指示を3に砕き、それをさらに5に砕き、さらに10に砕き……というように、言葉の数や具体例を増やして落とし込まないといけません。

個々のメンバーや部下の目線に合わせて、具体例を出しながら伝えることができれば、部下はそれだけ自分の中でやるべきことを理解し、動きやすくなります。仮に迷ったとしても、明確な目的を判断基準にして、自主的に正しい行動ができるようになるのです。リーダー側も、逐一細かい指示を出さずにすみますし、部下もいちいち指示を出されずにすむので、おたがいにラク。

毎回答え合わせをしなくても、望む結果を出せる**「自走するチーム＝自分で考え、自分で判断できるメンバーが揃ったチーム」**ができあがるのです。

◉リーダーは魚の獲り方を教える人であれ

当学園で「お膳立て教育」と呼んでいるものがあります。これは、リーダーが特にしないよう気をつけないといけない教育のやり方です。

たとえば、子どもが母親に「ご飯、ちょうだい」と言ったとします。母親はまだ小さい子どものためにご飯を用意し、食べやすい大きさに分けて、もしかしたら口にまで運んであげるかもしれません。このような「お膳立て」は小さい子ども相手ならいいのですが、社会、職場においてはリーダーとして違うアプローチで部下を導く必要があります。

特に私たちは教育業ですから、まず「本当の教育とは何か?」を考えないといけません。

本当の教育とは、先ほどのたとえ話で言うと最終的に子どもが「どうやったら自分でご

飯が食べられるか」を身につけさせてあげることです。目標を達成するために何もかもやってあげるのではなく、その方法を教え、段階的に自分でチャレンジさせる。それがリーダーの役割です。

ただ、中にはこのリーダーの役割を勘違いしてしまい、不用意にお膳立て教育をしてしまうリーダーが少なくありません。当学園の例で言えば、新人の教員のためにベテランの教員が授業のすべての準備をしてしまったり、必要な資料や道具を全部準備してあげたりしてしまう。教員が、生徒のためにネットで調べた例題を配って、テスト対策をやってあげる――恥ずかしながら、そんな光景を見ることがあります。メンバーや部下のことを思うよいリーダーに見えるかもしれませんが、そうすると後輩や生徒たちの成長の機会を奪ってしまうことになるのです。

お膳立て教育をすると、リーダーはメンバーや部下から一時的には感謝されますし、好かれます。しかし、これが続くと部下の「自ら進んで取り組む力」が身につかなくなってしまいます。魚を与えるのではなく、「魚の獲り方を教える教育」をすること。それがリーダーの役割であり、その積み重ねがチーム全体の成長と成功につながっていくのです。

◉「絆」を強められるリーダーだけがピンチを乗り越えられる

本章の冒頭で述べたとおり、リーダーはチーム全員を成功・成長させるのが役割です。それを常に意識してチーム運営を行わなければいけません。そのためには、チーム全体が支え合う必要があります。

リーダーにとって、チームの絆を強めることは重要な役割の一つです。

「ミスをしたからフォローする」というのも大切ですが、**「誰ひとり失敗しないように、おたがいにフォローし合う」**という意識で、常に声がけをすることがもっと大切です。この習慣が根づいている集団には、助け合いの文化が生まれ、チームとしての絆が生まれます。この意識づけを常に実行し、チームの中に戦友意識を持たせる働きかけをすることがリーダーの役割でもあります。

そのためには日常的に「チーム全員を成功、成長させる」という意識を持って、困っているメンバーや部下がいたら声をかけてフォローしたり、成果を出した仲間がいたら一緒に喜んだりして、自分がどれだけチームのメンバーを大切にしているかを示すことです。

そのようなリーダーだけが、自身が困ったときにメンバーから助けてもらえますし、問題解決や目標達成のためにみんなが助け合ったり、意見を出し合ったりするチームを作れるのです。

◉リーダーは率先して「仕事の壁」を取り払うこと

対・自分への心がまえとして、仕事にどれだけの人が関わっているかを把握しておくことが重要と述べました。人との関わりという点で、もう一つ重要になってくるのが、**壁のない仕事をするよう心がけることです。**これもリーダーの役割と言えます。

かねてより「仕事の壁」を取り払うことを重視していた私は、理事長に就任した際、学園の方向性をそのように改めることにしました。

それまでの当学園は、いわゆるトップダウン経営で、トップ＝理事長の決めたことを学園全体が命題として遂行するスタイルで運営されていました。

トップダウン経営自体は決して悪いものではありません。トップにカリスマ性があったり、神様的存在の場合は社員全員がトップの人柄に惚れ、トップ（＝会社）の夢の実現のためにどのような苦難でも乗り越えていく強い組織になります。何もないところから企画や会社を起ち上げる際の原動力としては、特に有効です。

先代（私の父親）は創業経営者でしたから、「0」を「1」にするエネルギーが必要でした。実際にそれで成功し、美容室の展開と、学園の創設・展開を実現してきました。

ただ組織が大きくなるにつれて、実はトップダウンには限界が生じ始めたのです。

それは、指示系統が一本化されているため、何かをするときにはトップが一つひとつ指示をしないといけないこと。そして、その結果として一番上の意向しか考慮されなくなることで各部署やチームごとに壁が生まれ、横の連携ができなくなってしまうこと。さらに言うと、おたがいに「ジャマされたくない意識」が芽生えてしまうことです。

私が事業を継いだとき、まさにこのトップダウン一本の指示系統によって、横のつながりがない状態でした。

あるプロジェクトで、営業部と制作部が連携しないとうまくいかないものがありました。営業部は新規生徒獲得のために、魅力的なパンフレットを使ってオープンキャンパスに来てくれた生徒候補たちのフォローをしなければいけません。しかし、そのパンフレットを作るのは制作部です。それぞれの部が連携して、魅力的な資料を作る必要があったのです。しかし、2つの部には連携する意識がなく、おたがいが「勝手にやったらいいじゃない」状態でした。当然、いいものなどできるはずもなく、私はそれを改善するためにそれぞれの部署のリーダーに、２人で相談してどういうものを作るかを決めてから報告するよう伝えました。

トップダウンに慣れていた両リーダーにとっては、困った問題だったと思います。しかし、方針だけはきちんと出して彼らが迷わないようにしつつ、それぞれの分野でのプロとして信頼し、２人に任せました。たった一度言っただけでは、当然うまくいきませんでしたが、「ちゃんとおたがいで相談して持ってきて」と繰り返し伝えることで、やがて垣根は徐々に取り除かれ、連携できるようになっていきました。

２人のリーダーが、上司から与えられた仕事を達成するために起こした行動が、「組織の壁を破る力」となったのです。

「この件で相談しよう」「打ち合わせをしたいけど、どの時間なら大丈夫か？」といったおたがいのアプローチがなければ壁は打ち破れなかったでしょう。

どのような規模の組織であっても、何かやり切らなければいけないことがあったとき、部署間の壁がないほどその成功率は上がると私は考えています。最初は大変かもしれませんが、全員がその意識を持てば自然と壁は存在しなくなりますし、そのきっかけとなるべく心がけるのが、リーダーの役割だと思っています。

◉リーダーが大切にすべき4つの優先順位

リーダーには、大切にすべき人の優先順位があります。それは次の通りです。

①メンバー・部下
②お客さま
③取引先
④上司

これは、あくまでもリーダーの役割として大切にすべきものであり、部下の立場になると変わるかもしれません。というのも、リーダーがお客さま（クライアントやエンドユーザー）を大切にしようと思っても、直接触れ合う機会というのはそんなに多くありません。メンバーや部下と接する方がずっと多いはずです。だからこそ、最初に「メンバー・部下」が来ます。リーダーがメンバーや部下を大切にし、それがきちんと伝われば、彼らも自然と自分が最前線で接するお客さまを大切にしようとします。「お客さま」を大切にしたいと思えば思うほど、リーダーはメンバーや部下を大切にすべきなのです。その気持ちが、彼らを通してお客さまに伝わります。

さらに言えば、もしも**リーダーがメンバーや部下の家族をも大切にすれば、彼らは間違いなくお客さまやその周囲の人も大切にするようになります。**

次に「取引先」ですが、そもそも「取引先＝自分たちの仕事を応援してくれている人たち」ということになります。その仕事を応援してくれている人を大切にしない道理はありません。

取引先の中には、こちらが「依頼する側（クライアント）」として関係を持つ相手もいるでしょう。今の社会では、「お金を払う方が偉い」という風潮があるのも確かです。「お金を払う側＝お客さま」ですから、それはわかります。しかし、払う側が心をこめた対応をしないと、本当にお金だけの関係になってしまいます。結果、お金以上に得られるはずのものが得られなくなってしまう可能性もあるのです。取引先を大切にすることで、有益な情報や質の高い商材を提供してもらえたり、当学園で言うなら、イベントなどで高いクオリティの仕事をしてくれたり、ということも起こり得るのです。

最後に「上司」ですが、これは社会の縮図として組織では当たり前のことです。リーダーといえど、その上に上司がいて、助けてもらっていることもあると思います。助けてもらっているなら、自分もその恩を返すのは当然。その助け合いが重要なのです。

「メンバー・部下」「お客さま」「取引先」「上司」――**この4つに共通しているものは“人”です。**人と人のつながりや助け合いで、物事は成り立っています。

それを大切にすることがリーダーの役割であり、それができることが優れたリーダーの条件でもあります。そして、そのようなリーダーこそが、これからお伝えする「感動マネジメント」を実践できるのです。

第3章

「感動マネジメント」が
あなたとチームの元気を作る

そもそも「感動」とは何か？

ここからは、本書のテーマである**「感動マネジメント」**について述べていきますが、そもそも「感動とは何か」ということからお伝えしたいと思います。

「感動」とは、文字通り〝感情〟が〝動く〟ことを言います。

人間には感情と理性があります。一般的に、感情が動いて「感動」と言うことはありますが、理性が動いて「理動」とは言いません。理性では人は動かないのです。

人が本当に動くのは、感情が動いたとき。

つまり「感動マネジメント」とは、人の感情にフォーカスしたマネジメントなのです。

そして、いい意味で人の感情が動く場面と言えば、相手から受けた行為に「嬉しい」と感じたときです。ここで言う感動とは、その最上級のものと考えてください。人生の中で心に残る喜びや生涯忘れえぬ体験、それは形として残せるものでもあるし、残せないものでもあります。

このように書くと、多くの人が普段の生活の中で感動がそうそう起きるとは考えられないと思うのではないでしょうか。たしかに、そんなことを期待しながら日々を送っている人は少ないでしょう。しかし、考え方とやり方を変えれば、日常のどんな場面でも感動は見つけることができます。本章ではそこについてもお伝えしていきます。

また「感動」というテーマは、当学園が創立当時から大切にしてきたものでもあります。

「ロイヤル学園に関わるすべての人へ教育を通じて感動を提供し、社会に貢献する」

これが当学園の理念です。

もしかしたら「感動」という言葉を使うと、多くの方はロジックのない根性論的なイメージを持たれるかもしれません。しかし、人と人とが関わる中でいい関係を生み出し、それを継続させることは、組織運営において大きな活力となります。その良好な人間関係の維持には、ポジティブな感情の動き、すなわち「感動」がエネルギーとして作用しているのではないでしょうか。

人間が生きていくうえで、意識の改革が起こったり、生涯の考え方や生き方、人生のモチベーションとなるものが生まれたりする過程には、「感動」がカギになるものです。感動した経験があるかないか、どれだけの量を味わってきたのか、その質はどのようなものだったのか……それぞれの感動体験の種類や度合いによって、人にも組織に対しても、愛情や愛着の深みが大きく変わるのです。つまり**「感動マネジメント」の目的は、「社員に質の高い感動を経験させ、仕事に関連する人々への愛情や、自分が所属する組織そのものへ愛着心を形成する」こと**にあります。

リーダーによる良好なチーム運営のためには「感動」が大きな役割を果たし、それがいずれはチーム全員の成功へとつながっていくのです。だから私は、感動マネジメントは非常に合理的な方法と言えるのではないかと考えています。

ときには、そのために演出や仕掛けが必要な場合もあります。いわゆる〝サプライズ系〟の演出をし、仕掛けるやり方です。ただ、大がかりな準備や、必要以上に相手を追いこんでそこからのギャップをねらうなど、今の時代にはなかなかマッチしにくいところもあります。

むしろ、そのような作為的な手段よりは、**普段からの心のあり方を考え、日常の中で小さくても質の高い感動を積み重ねていく方法を取ることの方が重要**であると言えるのです。

相手を感動させようと思っても「感動」は生まれない

日常の中に感動を積み重ねていくには、「相手を感動させよう」という意識を持っているだけではうまくいきません。

まずは**「相手に尽くそう」という意識を持つことが土台となります。**言い方を変えると、それは「奉仕」ということになります。しかし、奉仕と言っても、何でもかんでもしてあげるわけではありません。第2章の「お膳立て教育」で、教育の最終的な目的は魚を与えるのではなく魚の獲り方を教えることであると述べました。

それと同様にここで言う**相手に尽くすとは、「人を助ける・人を喜ばせる行為」のことです。**

たとえば、きちんと自ら進んで気持ちのよい挨拶をしたり、パブリックスペースを使いやすいように清掃や整理整頓を心がけたり、上下関係なく誰に対しても姿勢を正して振る舞ったり、困っている人がいたら率先して声をかけるなど、誰かに対していい影響を与える行為が人に尽くすことであり、それが回りまわって自分を助けることになるのです。逆に、これができていないとどうなるか。はっきり言うと、そんな組織は「組織」としての体を成しておらず、無法状態になります。

集団の中で人に尽くすことをせず、個々のメンバーが自分の利益だけを考えていると、チームや組織として「個」の状態を抜け出せていないことになります。当然、そのような場にはリーダーは存在しません。それぞれが勝手に活動するのですから、リードする人が生まれようがないのです。

本書を読んでおられる方々は、大なり小なり何かしらのチームや組織に属していて、リーダーという位置にいると思います。それならば、組織に属し、**リーダーである以上は人に尽くす意識を持つことが必要になるのです。**もちろん、その意識は個々のメンバーや部下も持たないといけません。しかし、まずはリーダーが率先垂範しないといけないことなのです。

感動のない職場は社員の人生の3分の1を潰す

もしも、リーダーが感動への意識を持たず、人に尽くすことを実践しないマネジメントを行うとどうなるか？　それは、メンバーや部下の人生の3分の1を潰すことになり、経営者であれば最悪の場合、会社を倒産させてしまいます。

大方の人は、会社に入ると人生の3分の1はそこで過ごすことになります。加えて、業務時間外も仕事のことを考えていたりすると、人生の半分近くを仕事に費やすことになるでしょう。そして、メンバーや部下にとって仕事が楽しいかどうかは、自身の行動が誰かから感謝されていたり、それによって周囲の人が明るく元気でいるかどうかも大きく関わってきます。もちろん、充実していてほしいのは仕事だけではなく、プライベートも同様です。

よく「仕事のストレスをプライベートで発散」という言葉を聞きますが、私の理想は、「仕事もプライベートも充実」な人生です。プライベートの充実は、メンバーや部下それぞれが考えることなので、リーダーにどうにかできることではないかもしれません。**しかし仕事においては、リーダーが「みんなが心豊かに元気で明るく、誰とでも接することができる職場」を作ってあげないといけません。**そのような職場だからこそ感動が生まれるのです。

また、会社というのは、社会貢献のために存在しています。社会貢献の活動の結果が、業績として反映されているのです。会社・組織を作っているもの――それは人です。人はそもそも理性ではなく感情で動く動物です。もしも、社員が感動できない会社は人に尽くさない、社会貢献ができていない会社ということになります。当然、業績はついてきませんし、人は長く居つきません。結果的に組織を運営できなくなって倒産してしまうのです。

心をこめて仕事をすれば、業績以外の成果にもつながる

感動マネジメントによって離職率が下がれば、自然と所属している人材のレベルが上がっていきます。今まで以上に質の高い仕事を各々がするようになることで、業績アップにもつながるでしょう。さらに言うと、常に人を採用し続けるコストも下がるので、それによる経費の圧迫も避けられますし、新規採用者への研修のための時間や、使うお金も減らせます。

業績以外で言えば、会社・組織そのもののレベルがアップします。個々のレベルが上がることで生産性が上がり、収益が上がるとともに、その会社・組織に所属していることの

誇りが充実感となって、リーダーを含めた全社員に還元されるのです。このようにして述べると、経営者的視点だと思われるかもしれません。しかし、第1章でもお伝えしたとおり、私としては**これからのリーダーはたとえ一部署の長であっても、経営者的な感覚を持つ必要があると考えています。**

また、業績という言い方では見えづらくなってしまう部分も、「人に尽くす・貢献する」という視点に立つと、成果は見えやすくなります。

ここでは、営業部と総務部で考えてみます。

営業部は、会社にとっての売上の要であり、花形でもあります。アクションを起こしたことが数字として反映されやすいので、会社・組織への貢献度合いも極めて見えやすい部署と言えます。一方、総務部は、日々の業務で貢献をしていても、それが目に見えにくいところがあります。自分の一つひとつの行動が業績に直結しているとは考えにくいのです。しかし、自分の電話応対がお客さまに感動を与えたり、細やかな気遣いが同僚に感謝の気持ちを芽生えさせ、またそれを同僚が見習ったりして感動の輪が広がっていくことで、会社の中での存在意義を発揮できると言えます。もちろん、それを個々のメンバーや部下に実感させるためには、リーダーが感動マネジメントの意識を持ち、彼らを認めていかなければなりません。そのためにも、経営者的な視点が必要になるのです。

「率先して尽くす」の精神で先輩からのスパイ疑惑を払拭

ここで、いくつか事例を紹介いたします。

まず、私が新入社員時代に人に尽くすことを実践した経験です。

私は大学を卒業して、ロイヤル学園に就職し、行事就職課に配属されました。

前に述べたとおり、父親はトップダウンの経営者でしたので、その影響力は絶大。私は「斉藤真治」としてではなく、「理事長の息子」として周囲から見られており、22歳の若造に対して一回りも上の先輩社員たちが、明らかに腫れ物に触るように接してきました。

話題を振ってもらえたとしても父親の私生活や考え方、生い立ち、家での言動など父親の話ばかりで、私にはまるで興味がない様子。もしも、よけいなことを口走ろうものなら私からチクられる（報告が行く）と勘違いしていたようで、言ってみればスパイあつかいでした。気持ちはわかりますが、きちんと一人の人間として自分を見てもらいたかったですし、今だからこそ言えますが、その状況が非常にうっとうしかったです。

ただ、同時にこんな風になってしまう先輩たちの気持ちもわかりました。私自身はたしかに理事長の息子ですが、そもそも新卒社員でしたし、仕事については教えてもらうばかりで、何もできない存在だったからです。先輩たちからすれば、仕事の話をしようにも〝共通言語〟ができあがっていない状態です。

そこで、私は自分ができることにフォーカスして、先輩社員たちに**「尽くすこと」を考えました。**といっても新卒社員ですから、できることは限られています。

本当に社会人として基本的な「挨拶をする」「最初に自分が動く」「困っていたら声をかける」ということですが、特に「困っていたら声をかける」については、自分が他の先輩たちと比べて得意な分野では重点的に実践しました。

当時はパソコンが普及し始めた頃で、あまり慣れている人がおらず、トラブルが起こりやすい状況でした。幸い、大学でコンピューターを齧《かじ》っていた私は、自分が仕事を覚える合間に周囲に気を配り、パソコン操作で困っている姿を見つけると、進んで「どうしました？」と声をかけていきました。特に最初の3日間は集中してやりました。

すると不思議なもので、徐々に先輩社員たちの私に対する目が変わってきたのです。それが習慣になると、今度は向こうから「ちょっとこれ、教えてくれるかな？」と声をかけてもらえるようになりました。相談しやすい雰囲気と、助け合う雰囲気が自然とチーム内に生まれました。

それまで父親のことばかりを話題にされていたのが、「斉藤真治」として見られるようになったのです。

当時、私の役職はリーダーではなく、ただの新卒社員でしたが、それでも人に尽くすことを実践してきました。**ある少数ではなく職場の全員が人に尽くす精神で仕事をすれば、どれほど人間関係がよくなり、仕事がしやすくなるのだろうという気持ちがその経験をとおして芽生えました。**そして、それは業績につながるとも。

私の父親は生前、社員全員に手書きの誕生日メッセージを書いて送っていました。ある年の私の誕生日に送ってくれたメッセージにはこう書いてありました。

「人に尽くせ。すべて己に返ってくる」

人から認められる方法は自分の業績だけではない。どれだけ人に尽くして感謝されるか。そして、自分が困ったときに多くの助けを得ることができるか。

この父親の教えこそが、今の私が提唱している感動マネジメントにつながっていると感じています。

感動は心の栄養として積み重なり、いつまでも残る

次に、ある教員と昨年卒業した女子生徒のエピソードをご紹介します。

彼女は中学生のときに両親を亡くし、その後、施設で過ごしました。亡くなった母親は生前に美容師をしており、本人も「母親のような、人に感動を与える美容師になりたい」という思いと、母親が担当していたお客さまをいつか自分が施術して喜んでもらいたいという夢とともに、当学園へ入学してきたのです。

その教員は2年間、彼女のクラスを担任しました。両親がいないため金銭的な困難から

一時は彼女も退学しようかと考えたことや、厳しい現実にぶつかることもありました。しかし、教員はそのたびに女子生徒と一緒に考えて、それらの困難を乗り越えました。ときにには涙を流すこともあったと聞いています。

その女子生徒は無事に卒業し、今では現場で指名をもらうまでに成長しています。そんな彼女が最近、学校に顔を出してくれたそうです。そして、担任だった教員に対してこう言ったとか。

「先生が担任でよかったです。先生は私のお父さん以上の存在です！」

その一言で、教員は彼女と一緒に困難を乗り越えた2年間という時間を本当によかったと感じたそうです。彼女はまだデビューしたてですが、さらに成長し、少しでも早く母親のお客さまの施術ができるようになることを願っている、とのことでした。

感動というと、サプライズを思い浮かべる人もいると思います。

結婚式のサプライズ演出や、プロポーズにフラッシュ・モブを使う、誕生日にドッキリの仕掛けをする……それらの演出が決して悪いものだとは言いませんが、〝取りあつかい注意〟というのが私の本音です。

なぜならば、これらは仕掛けがハデだったりするだけではなく、今や一般化してしまっている手法だからです。**最初は効果的だったけれど、有名になって「型」になってしまったサプライズ演出は、〝わざとらしく〟なってしまいます。**

仕掛けられた方も、「感動した！」ではなく「驚かされた！（ダマされた）」となり、その瞬間は嬉しくても、感動にはつながらないのです。

それよりは、**普段の心優しいちょっとした行動や何気ない出来事**にフォーカスしましょう。実はそれが本当の感動につながっていきます。さらに、相手だけではなく、自分の心の中にも〝栄養〟として積み重なり、やがて大きな感動の原動力となって昇華されるのです。

ギャップによる巨大な感動演出はもう通用しない

サプライズ以外にも、ギャップを使って感動を演出するやり方もあります。当学園でも過去に行っていたことで、今では取りやめになっている方法ですが、おすすめしない事例としてお伝えします。もしも、これに似たやり方をしているリーダーがいるのなら、できるだけ早く見直しを図った方がいいでしょう。

以前、当学園では新入生に対して挨拶の研修をしていました。この研修のテーマは、「挨拶を通して自分の殻を破る」こと。学園に入ってくる最初のタイミングから、感動マネジメントがスタートする仕掛けを作っていたのです。

ただ、それはかなり厳しいやり方でした。10人ほどの新入生を一つのグループとして、それぞれに2年生の先輩生徒がコーチとしてつきます。そして、一泊二日の研修で、大きな声で「おはようございます」「いらっしゃいませ」「ありがとうございました」などの挨拶を、全身を使って声が枯れるまでひたすら練習するのです。

さらに二日目の最後にはテストがあり、審査員が合格を出すまで何度も何度も挨拶のやり直しをさせていました。最終的にはたった一人の新入生のために、そこにいる数百人全員が応援するような図式になります。それだけのことをしますから、最後の一人が合格したときの感動はひとしお。2年生のコーチを含め、全員が泣きながら喜んで、巨大な感動が生まれるのです。

ただ、このようなやり方が今の世相や若者の世代に合っているかというと、正直に言って疑問です。相手を意図的に叩き落として、そこから這い上がってきたギャップで感動させるやり方そのものが非難されがちな時代でもあります。

さらに、**このようなギャップを使ったやり方は、一時的にテンションがＭＡＸまで上がったとしても急激に冷めていくものです。**テンションを維持しようとすると、前回と同等かそれ以上のことをしないと、される側に耐性ができてしまうので難しくなります。

最初にお伝えしたとおり、この研修のやり方は、今では取りやめになっており、父親の提唱していた「圧迫する教育ではなく、納得・理解のうえで本当のことを教えよう」という考え方のもと、新しいやり方に変わっています。

それが、次にお伝えする３つのやり方です。

感動マネジメントの最初に必要な3つの大切なこと

現在、当学園では新入生に対して最初の研修で3つの大切なことを伝え、感動マネジメントのスタートとしています。

それが、

① 挨拶の形
② 仲間づくり
③ 担任の思い

一般的には「担任」は上司やリーダーと言い換えられるでしょう。

◉挨拶の形を大切にする

なぜ、挨拶を大切にするのか？

それは、**人と人が関わることにおいて、最初にあるものが挨拶だからです。挨拶一つで**

その人のよし悪しが決まる、といっても過言ではありません。

第一印象という言葉がありますが、「第一印象は最初の6秒で決まる」と言われています。つまり、挨拶で印象が決まるのです。また、店舗運営では「扉を開けて0・2秒以内に挨拶をすればリピート率が上がる」という話もあります。

私たちは教育業ですが、生徒というお客さまを相手にする意味ではサービス業です。また、生徒たちは社会に出た多くが美容室などのサロンに入りますから、それは完全にサービス業ということになります。お客さま、取引先、先輩・後輩、仲間など、すべての人に対しての根幹となる挨拶は、徹底的に教育しなければなりません。

現在の研修では、新入生10人を1列に並べて、まず2年生の先輩生徒がコーチとしてお手本になる、明るく元気で姿勢を正した挨拶を見せます。そして、全員ができるようになるまでトレーニングをし、もしもできない生徒がいたらコーチが「もっとこうしたらいいんだよ」と手本を見せながら、必ずできると信じて後押しします。そして10人ができるようになったら、今度は全校生徒全員にグループごとにテストをしてもらいます。

もしかすると、このような挨拶のトレーニングで担任の教員がコーチ役をしないことを、疑問に思うかもしれません。しかし、先輩にさせるのが最も効果的なのです。

新入生にとって、2年生は一つ年上の〝お兄さん・お姉さん〟です。より身近な存在に教わることで親近感がわきますし、先輩たちは先輩たちで、前年に同じトレーニングを受けた身なので共感性が高まり、後押しが新入生へ響きやすいのです。

◉仲間づくりを大切にする

「仲間づくり」では、一クラス40人を一つのチームとし、さらにその中で小さなグループをいくつか編成してコーチを置き、仲間づくりのアクティビティを行います。そして、最終的にクラス全体を一つの仲間にしていきます。

「そんなものは放っておいても勝手に仲間になる」と思うかもしれませんが、それは大きな間違いです。意外と、ひとりぼっちになってしまったり、気の合う人とだけで仲よくなったりしてしまうパターンが多いのです。

当学園は美容学校なので、入ってくる生徒たちはみんなある程度「美容業界に関わる仕事をしたい」という同じ志を持っています。中学校や高校、大学のように、それぞれが多種多様な目標を持って集まってきたり、中にはそれを探しに来たり、ということは少ないのです。そのため、妬みやイジメなどは起こりにくく、趣味や好きなものも大体が似通ってきます。ただ、それでも人は十人十色。コミュニケーションが苦手な人もいれば、似た者同士で閉じたコミュニティを作ってしまうことも多いのです。

同じ目的を持った人たちが集まる、という意味では一般の企業も同じです。**その会社・組織に貢献し、ともに成長しながら目指しているものを達成するために入社してくるはずです。だからこそ、同じ志を持った者同士がたがいに感動を与えながら成長・成功するためには、仲間づくりは大切**なのです。

◉担任の思いを伝えることを大切にする

これも一般企業になぞらえられますが、同じ志を持って集まった人たちの集団であっても、**目指すべき方向は明確にする必要があります。**

その一つに**会社の理念や方針などの「考え方」や「あり方」**がありますが、これは新入生への研修よりもずっと前に、経営幹部層がリーダークラスに対して落としこんでおくべきことです。

研修では、担任（＝リーダー）が、どんな思いを持ってクラス（チーム）運営をしていくか、ということを新入生たちに伝えます。

「私たちがこの2年間、どんなクラス運営をしていきたいのか」「生徒たちをどう育て、社会で通用するどんな人間に育てたいのか」ということを伝え、そして「チームとして達成すべき目標＝全員が国家試験に合格し、プロの道へ進むこと」を共有するのです。

　これは一般企業で言えば事業計画に相当すると思います。この1年間でどんな目標を達成するのか。そして、その土台にあるのは**「そもそも我々は何のために仕事をするのか？」**ということです。これらのことを、最初の時点でしっかりと伝えておくのです。

　もちろん、入学してからも小さい部分から時間をかけて教育し、それぞれの成果をきちんと認めるなどして感動を積み重ねることが必要でしょう。それは一般の会社や組織でも同じことだと思います。ただその前に、外してはいけない3つの大切なことがあると肝に銘じておきましょう。

「感動の冠」を磨くには？

本章の最後に、感動マネジメントを実践しようとするリーダーに**「感動の冠」**について述べたいと思います。

リーダーは、「感動の冠」を常に磨き続けないといけません。冠とは、いわばリーダーに与えられた看板と職責です。主任、課長、プロジェクトマネジャーなど、呼び方はさまざまですし、職責のついていない一般社員でも、会社というブランドを背負って仕事をするわけですから、冠を被っているのと同じです。

この冠は、仕事のときもプライベートのときもついて回ります。家に帰ったらすっぽり脱げるようなものではないのです。だからリーダーは、自分の冠を常に磨くことを心がける必要があるのです。磨くのはもちろん、リーダー自身。磨けば磨くほど、周囲の人間は「すばらしいリーダーだ」と認めてくれるようになります。

では、どのように冠を磨けばよいのでしょうか。その方法は3つあります。

①教養を身につける
②人間性を磨く
③最低限の社会性を身につける

「教養」とは、いわゆる一般常識です。今の社会の流れや業界の事情、知識などが、それに当たります。特に自分の仕事に関するものは必須で、必要最低限は理解しておかないといけません。本を読んだり、セミナーへ行くなどして勉強し、外部研修を受けて情報を仕入れたり、異業種交流会に参加して外の世界を見たり、人から話を聞いたりして、それまで知らなかったことを知識として身につけるのです。

「人間性」とは、言葉遣いや言葉尻に出るニュアンス、ふとしたときの表情など、具体的に「これ」と断定することが難しい〝なんとなく〟で相手に印象として伝わってしまうものです。しかも、恐ろしいのは、これは相手が多ければ多いほど見透かされやすい、ということです。チームのメンバーや部下の数が多ければ多いほど、そのリーダーの人間性はいともたやすく見抜かれてしまいます。

さらに言えば、**人は人間性がすばらしい人の言葉は素直に受け入れようとします。しかし、**逆に人間性の乏しい人は、たとえ目上の人でも軽蔑されてしまいます。どれだけいいことを言っていても、ムダなのです。

もしも身近に「すばらしい人だな」と思える存在がいたら、どこがすばらしいのかを考えてみてください。素直だったり、いつも笑顔だったり、ちゃんと挨拶ができたり、お礼をきちんとしていたり、身だしなみ・時間管理ができている、怒鳴らないなど、社会人としての最低限のルールを守れている人だったりするでしょう。

最後に「最低限の社会性」ですが、これは社会に属する人間としてふさわしいものをある程度、持ち合わせているか、ということです。人間性とも重なってくる部分ですが、**集団の中で生活するために必要な、協調性や利他の精神**を指します。何かと自分優先で物事を考えたり、嫌な仕事を他人に押しつけたり、仕事を丸投げにして自分は知らんぷりをしたり、困っている人を無視したり……。このような人には当然、誰もついていきたいとは思いませんよね。

本章の冒頭で、感動マネジメントを実践するためには、あえて相手を感動させようとするのではなく、「相手に尽くすこと」が重要だと述べました。

これは、当学園の文化でもありますが、どんな業界や会社・組織でも通用するものです。**「人に尽くすことを率先しよう」という心のあり方は、たとえば挨拶や掃除、姿勢などの行動や振る舞いに現れます。そして、それは接する相手に感動を与えます。**

リーダーとして人を導く立場にあるからには、率先して相手に尽くすこと。それは必ず自分に返ってきます。人の役に立つために勉強したりスキルを磨けば、周囲から認められ、人が集まるリーダーになれます。人が集まるリーダーになれば、困ったときには助け合えるチームが生まれ、目標にみんなが賛同してくれ、一緒に達成できる集団を作ることができます。

リーダーとして「感動の冠」を率先して磨き、感動マネジメントを実践して、チーム全員を成功に導いていってください。

第4章

本当に人を動かすなら「感情」にフォーカスせよ

人のモチベーションは〝超簡単〟に下がると心得よ

リーダーが、チームをマネジメント・運営していくうえで必ずぶつかる壁――それが部下やメンバーのモチベーションをどうやってアップさせるのかということです。

これは感動マネジメントにとどまらず、また各リーダーの階層に関係なく、人を導いていく人にとっての永遠のテーマです。モチベーションの〝高い・低い〟は周囲に少なからず影響を与えてしまいます。モチベーションを高い状態で維持してもらうことが仕事のやりがいや成果に直結することは言うまでもありません。本章では、当学園で行っているモチベーションアップの方法について、考え方とやり方をご紹介していきます。

まず、お伝えしておかなければいけないのは、**リーダーがチームのメンバーや部下のモチベーションを下げるのは、超簡単**ということです。そして、そのことに気づいていないリーダーが意外と多いことです。

簡単に言ってしまえば、モチベーションを下げる方法はたった一つ。**「相手を否定すること」**です。これをすれば、人のモチベーションは一発で下がります。新人だろうがベテランだろうが、関係ありません。

逆に言えば、**相手を否定しなければモチベーションを上げることができます。**もちろん、モチベーションは下げるよりも上げる方がずっと難しいのですが、それでも下げる方法を知っておき、普段の接し方で回避することを心がけていけば、モチベーションアップのためのさまざまな施策をより効果的に継続することができます。具体的に私の考えるモチベーションを簡単に下げてしまう振る舞いをお伝えしておきましょう。

人のモチベーションを下げてしまう9つの振る舞い

①人格を否定する
②理不尽なことを言う（「残業はするな。でも、この仕事は今日中にやり切れ」など）
③自分の責任を部下に押しつける（部下を守らず、自分を守る）
④陰口を叩く（それがバレる）
⑤自分の勝ちパターンを押しつける（過去の武勇伝を押しつける）
⑥対外的な迷惑をかける（クレームの発端、犯罪を犯す）
⑦みんなの前で叱責する（吊るし上げる）

⑧部下の成果を「自分のおかげだ」と言う

⑨期日を守らない

これらのことをリーダーからされたメンバーや部下は、間違いなくモチベーションを下げます。そして、その際に考えることは次のどちらかです。

・「この人は理不尽だ」

・「自分はダメ人間だ」

片方は相手へ向き、もう片方は自分へ向きます。

このような状態になってしまったら、そこからモチベーションをマイナスからゼロに戻す、さらにプラスに向けるにはかなりの努力が必要になります。あなたが、このようなことを普段からメンバーや部下に行っていないか、振り返ってもらえればと思います。

なぜ、リーダーは部下のモチベーションアップを考えないといけないのか？

冒頭でお伝えした人のモチベーションを下げてしまう振る舞いについてですが、私の知る限りでは、意外とそのことを知らずに自然と行ってしまっているリーダーが多いようです。さらに、**本人が気づかない理由として、それを〝よかれ〟と思ってやってしまっているケースが、実はかなりの割合を占めます。**

罵声を浴びせるのは〝檄《げき》を飛ばす〟つもりで、理不尽になるのは〝社会の厳しさ〟を教えるため、人格否定は「それが許される人間関係がある」という〝信頼〟から、勝ちパターンを押しつけるのは過去に自分がそれでうまくいってきた〝成功事例〟だから……と、枚挙にいとまがありません。

たしかに、過去にはこのようなやり方がまかり通っていた時代がありました。いわゆる「獅子が我が子を千尋の谷に落とす方式」です。そこから這い上がってきた強い者だけを育て、将来の組織のリーダーに育てていく。このやり方は、人がありあまっていて、みんながそれを当たり前だという共通の認識があった時代だからこそ通用したのです。さらに、壁を乗り越えた先に社会的・金銭的な〝わかりやすい報酬〟ありきで成立していたもの――つまり、昇給・昇進などの明確な報酬が見えていたからこそ、彼らはそのやり方に我慢できていただけなのです。

残念ながら、そんな時代はもう終わっています。働き方も考え方も多様化した時代、さらに人手不足がこれからも続いていく社会では、もうこのやり方では離職を止めることができず、会社が崩壊していきます。千尋の谷に落として這い上がってくる者を選別したとして、では、這い上がってこられなかった者たちはどうするのか？　排除するのか？　さらに厳しくするのか？　それとも手を差し伸べるのか？

そもそも会社という組織で、そんなやり方が必要なのか？

会社は根性を鍛える場所ではありません。仕事を通して成果を出す場所です。もちろん、仕事をする中で強くならないといけない場面や、苦難を乗り越えないといけないときはあります。でも、その強さを身につけさせるためにあえて落とす必要はないのです。

むしろ**「現状から一歩上げる」のがリーダーの仕事です。**そのためには、チームのメンバーのモチベーションは、下げるよりも上げていかなければいけません。**モチベーションを下げて誰かが辞めれば、その負担が残ったメンバーに乗っかり、さらなるモチベーショ**

ンダウンにつながります。

リーダーは、「チームの全員がひとり残らず成功するために助け合うのが本来の組織体である」ということを自覚しましょう。部下を「生き残りをかけた戦い」に追いこむのではなく、チーム全員を成功に導くためにモチベーションをアップさせる必要があるのです。

モチベーションをアップさせる たった2つのシンプルな方法

では、リーダーがチームのメンバーや部下のモチベーションをアップさせるためにすべきことは何か？　それは次の２つです。

① ほめる（認める）
② 感謝を伝える

このシンプルなたった2つのことができれば、チームのメンバーや部下は高いモチベーションを維持して仕事に打ちこむことができます。また感動マネジメントを用いて、チームの全員を成功させることができるのです。

創業当時から大切にされてきた「ほめる」ということ

まずは**「ほめる（認める）」**ことからお伝えしていきます。

現在の人材育成の現場では、かつての**「厳しく育てて成長させる」から「ほめて伸ばす（育てる）」方向に育成方法がシフトしています。**

ほめることをテーマに人材育成メソッドを展開する講師やコンサルタントが増えていたり、ニュース番組などでも、「ほめると伸びる」ということが語られることが多くあります。

私はほめることの専門家ではないので、ここでその科学的効果や実例を挙げるようなことはしませんが、そもそも当学園では、父親の頃から「ほめること」はすでに重要視されてきました。私自身、入社した頃から父親に「とにかくほめなさい」と言われ続けてきたのです。些細なことでかまわないからどんどんほめよ、と。実際に父親は厳しい側面もありましたが、基本的にはほめる人で、勉強会などで教員たちをほめている場面を何度も見ていました。父親のほめ方は「よっしゃよっしゃ、そうかそうか」というもの。部下のほめるところを率先して見つけては、その場で伝えていました。

代が変わって、私は父親とは違うやり方でほめることを実践してきました。父親のように創業経営者としてのカリスマ性がある人からであれば、具体的ではなくてもほめられた事実そのものが、ほめられた側にとってのモチベーションアップにつながります。

しかし、私は二代目だったので、父親のような真似をしても通じないと考えました。それでも、ほめることはした方がいい。「相手のモチベーションが心底から上がるほめ方とは何か？」を追求し、父親とは別のやり方でほめて伸ばすことを考えたのです。

「ほめる」とは、相手を「おだてる」のではなく「認める」こと

では、「ほめる」とはどういうことか？　それは、相手をおだてるのではなく「認める」ということです。

ほめるとは、大きく２つに分けることができると考えます。それが「おだてる」と「認める」です。

「おだてる」というのは、「新しい髪形、似合っているね」「その服装、ステキだね」といった、おべんちゃらを言うことです。それが悪いわけではないのですが、（少なくとも相手の気分が少しはよくなりますから）組織に所属する人間として成長を促すのであれば、**こちらが伸びてもらいたい方向に成長するよう、ほめてあげることが必要です。**

会社という組織は成果を出していくためのものであることはすでに述べました。所属している従業員たちは、会社の理念に基づいた行動でお客さまを満足させ、成果を上げる必要があります。そのためにリーダーは、具体的な内容で相手を認めることが必要なのです。

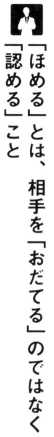

「ほめる」ときにリーダーが探すべき2つのこと

では、具体的に相手を認めるための方法論に入っていきましょう。

リーダーとして、チームのメンバーや部下をほめるとき、注目すべきところが大きく分けて２つあります。

- **人間として認められるところ**
- **伸びてほしい方向で認められるところ**

「ほめる」ときに限らず、チーム全員を成功させるためには、この２つを常に意識して探すことが、リーダーの仕事でもあります。

「人として認められるところ」というのは、年齢や性別、生まれや育ちに関係なく、現状のメンバーや部下を見て、**人間としてすばらしいと思えるところ**です。たとえば、挨拶がきちんとできたり、お礼やお詫びを素直に言えること、すばらしい才能を秘めていたり、仕事で上手にこなせているところなどを見つけるのです。

「伸びてほしい方向」というのは、先述の通り、会社・組織は仕事を通して成果を上げるための場所ですから、それを達成するために**それぞれのメンバーが成長すべき方向のこと**です。たとえば当学園で言えば、先生が生徒をほめるのは、施術の上達や必要な知識を身につけてもらうため。それは彼らが無事に基礎技術を習得し、国家試験に合格し、プロとして社会に羽ばたいて活躍してもらいたいからです。教員たちを統括している主任クラスがほめるのは、指導方法を磨いてもらい、よりたくさんの生徒たちにより質の高い教育を施せるようになってもらうためです。できなかったことや課題となっていたことが、できるようになった点（たとえば、時間にルーズだった人が5分前行動をするようになった）などを見つけるのです。

「小さな目標」を設定し、クリアできたら「ほめる」

もうおわかりかと思いますが、この2つは**個々のメンバーや部下それぞれの「現在」と**

「未来」を見ることになります。

生まれた境遇も、育った環境も、知識も学力も性格も異なる人が集まってくる場所が会社や組織です。組織として、たとえば理念のような大きな目標を掲げることはもちろん大切ですが、チームをまとめ上げるリーダーとしては、それに加えて個々のメンバーや部下に、いち個人レベルでの小さな目標を与え、クリアさせるよう後押しし、達成するたびにほめてあげる（認めてあげる）必要があります。そのためには、日頃から先にお伝えした2つをよく見て、知っておくことが大切になります。知らない状態では、小さな目標を設定できないばかりか、言われた本人も「では、自分はここを目指します」と言えません。もしも言えたとしても、リーダーはその成否を判断できないことにもなります。

リーダーがチームのメンバーや部下に設定すべき目標は、「会社や組織が打ち出している理念や方針をかみ砕き、自分たちのチームでは何をすべきか、チーム内のメンバーとして、個々に何ができるか」ということです。

現状からどのくらいの先を目指すかは、「次に手が届く範囲」が基本です。それが現状から＋1なのか、3なのか、もしかしたら0・5なのか。それは個々によって違いますが、そのあたりを見極めて、目標を設定してあげる。この見極めもリーダーの仕事です。

ありがちなのが、理念などの崇高な目標だけをかみ砕かないまま打ち出し、「ここまで来なさい」と言ってしまう人。そして、メンバーが目標達成できないときは「来られないのは努力が足りないからだ」と相手を詰めてしまう人です。そういう人は大体、詰めるときに「人のモチベーションを下げてしまう9つの方法」のうちのどれかをしていたりします。**目標は、設定された側が具体的な行動をイメージできなければ達成できませんし、意味がありません。**リーダーが〝ただ言っているだけ〟になってしまいますので、注意が必要です。

部下が壁を乗り越えたら大きな賞賛を与えよ

小さな目標を設定し、それをクリアしたらほめることももちろん大事ですが、さらに**部下が大きな壁を乗り越えたときには、リーダーは一番に喜んであげるべきです。**そして、**その姿をきちんとメンバーに見せる**こと。

映画やドラマなどでは、プロジェクトが成功して大はしゃぎする部下に対して、リーダーは一歩引いたところで頷いていたり、一人になってから喜んでいたりするシーンが見られますが、私としてはむしろ**誰よりも喜ぶ姿を見せる方がいい**と考えます。

一つ、私のエピソードをご紹介します。

かつて熊本校で、生徒の国家試験合格率が９割を切るというよくない時期がありました。ちょうどそのタイミングで校長が代わり、彼は私に「一から建て直します」と約束。それまでの取り組みを改め、なんとその翌年、全員を合格させたのです。

その知らせを聞いた私は、その日のうちに花束を持って大阪から熊本へ飛びました。夜、熊本校の教職員たちがお祝いをしている場に乱入して、校長以下、全職員をほめ称えました。

神戸校で合格率100パーセントになったときも同様でした。それを達成するまでの教職員の困難と努力が並大抵のものではないことを見てきただけに、一刻も早く喜びと賞賛を伝えたくて彼らのもとへと向かっていました。

チームのメンバーや部下にとって大きな壁でも、もしかしたらリーダーにとっては「普通に通るべき道」や「与えられた職務」と思えることかもしれません。また「設定した目標をクリアするのは企業人として当たり前だから、喜ぶ必要はなく、評価だけすればいい」と考えるリーダーもいると思います。

しかし、**部下に役割を与え、彼らがそれを乗り越えたのであれば、リーダーは誰よりも喜んであげるべきです。大切なのは、最も喜んでいることを表現する内容ではなく、その行動を見せること。**

特に、目標達成までの道のりの苦労を知っていたり、成長や達成が見えたなら、自分のことのように大きく喜ぶ姿をぜひチーム全員に見せて、**次へのモチベーションと、これからの困難を乗り切る勇気を与えてもらいたいのです。**

「人として認められるところ」を見つけるための あり方とやり方

部下の**「人として認められるところ」**を見つけるとき。もしかしたら、少し抽象的でわかりづらいと思う人もいるかもしれません。その場合、**「その人の長所」**に視点を変えて探してみることをおすすめします。

長所を見つけるときには、大きく分けて2つ心がけることがあります。それが「あり方」と「やり方」です。

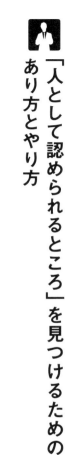

◉相手の長所の見つけ方①：あり方

リーダーが相手の長所を見つけるときには、「自分自身のあり方」と「相手に対してのあり方」の2つを意識しておく必要があります。

まず、「自分自身のあり方」ですが、会社や組織に所属するリーダーであれば、そこの理念や、大切にしている指針を理解しておく必要があります。それが、その会社で働く者としての義務でもあります。

当学園であれば、学園理念である「ロイヤル学園に関わるすべての人へ教育を通じて感動を提供し、社会に貢献する」の中に「人を大切にすること」というあり方が含まれています。

働く義務を理解すると、自分に与えられた仕事がどれだけ社会の役に立っているのかがわかってきます。その高い意識で相手を見ると、長所が見つかりやすくなるのです。

同時に、リーダー自身が長所を作ってあげる意識も持っておくといいでしょう。メンバーや部下は、意外と自分の長所に気づいていなかったりするものです。それは単に誰からも言われていないだけなので、リーダーが伝え、気づかせてあげればいいのです。

◉相手の長所の見つけ方②：やり方

あり方ができたら、次はやり方です。

ほめるために相手をよく見ておかなければいけないことはすでに述べましたが、見て気づこうとする以外にも有効なのは、やはり**コミュニケーションを取ること**です。話を聞いて、直接相手から長所となるところを見つけてしまいましょう。

その際に聞くことは、次のような項目です。

- **基本的な考え方や哲学**
- **最近の調子や体調**
- **現在の環境や家族について**
- **どんなことをがんばっているか**
- **今、楽しいこと**
- **仕事で困っていること**
- **今後、トライしたい仕事**
- **願望や欲求（ライフプラン、ビジネスプラン、将来の夢）**

なぜ、この項目なのかというと、相手との距離感を縮めるために、共通の話題を見つけることが必要だからです。その会話の中で相手への気遣いができるポイントを探ります。

環境や家族について知っておくと、プライベートが原因でモチベーションが下がってしまったときに、できる限り相談相手になることができます。仕事に関することでは「過去↓現在↓未来」を聞くことによって、相手自身に今までの振り返りと「現状、目指す姿」を語らせ、課題をともに克服する姿勢を見せることができます。

さらにリーダーは、自分とメンバー・部下とのコミュニケーションだけではなく、メンバー同士のコミュニケーションもよく見ておくことが大切です。現状、それぞれがどのような役割を果たしているか、仕事の中でどのような気遣いをしているか……こういうところからも、その人の長所が見えてくるでしょう。

相手に長所を気づかせる「またほめ」と「MYほめ」

「ほめること」の最後に、相手に長所を気づかせるときに有効な**「またほめ」**と**「MYほめ」**の2つのほめ方をご紹介します。

◉第三者を通す「またほめ」の３つのメリット

「またほめ」とは、直接的に相手をほめるのではなく、**第三者からの伝聞という形をとりほめる方法です。**

Ａさんが Ｂさんをほめたいときに、Ｃさんをメッセンジャーにして伝えます。たとえば、Ａさん「Ｂさん、あなたの〇〇な部分をＣさんがすばらしいとほめていたよ」

という感じです。

この「またほめ」には、３つのメリットがあります。

- **ほめるのが苦手な人でも使いやすい**
- **普通にほめるよりも効果的である**
- **上下関係を問わず使える**

一つ目の「ほめるのが苦手な人でも使いやすい」ですが、日本人はどちらかというと改善の文化を重んじる国民性があります。「現状、できていないこと」にフォーカスし、それを改善することで成果を出し、大きく成長してきた歴史が過去にはあります。ですから、そのような文化で育ってきた人にとって、いきなりほめろと言われても、照れがあったり言いにくかったりと、ハードルを高く感じてしまうことがあるのです。

そんな場合に**「またほめ」を使うと、自分が直接的に相手をほめなくていいので気持ちを伝えやすくなります。**ほめるのが苦手だと感じている人には、ぜひ使ってもらいたい方法です。

2つ目の「普通にほめるよりも効果的である」は、**第三者をほめる相手よりもワンランク上の人に設定するためです。**そうすることによって、上司は自分のことをよく見てくれていると感じます。

たとえば、私が担当者をほめるときは、その担当者の上司を登場させて、「上司の○○からキミの活躍がすばらしいと聞いている」と伝えます。リーダーであれば「最近、キミがすごくがんばっているってみんなが言っていたよ」などです。もちろん、これは「第三者の声」を作為的に設定してウソを言えというのではありません。上司との会話の中で「最近、うちの○○がこんな部分でがんばっていると思うんですけど、どう思います?」とさりげなく聞いてみて、上司も「自分もそう思う」や「へぇ、それはすばらしいね」などの感想をもらえれば、第三者の声が生まれたことになります。

最後に「上下関係を問わず使える」は、第三者を通すので、メンバーや部下がリーダーをほめたいとき、リーダーよりも年上のメンバーや部下をほめたいときに失礼にならないためです。

「ほめる」というと、どうしても「上から下へ」というイメージがあると思います。たとえば、部下が上司に「○○課長、ものすごく成長してますね」と言えば、「どうして上から目線なんだ？」と思われてしまいます。そんなときにも第三者を通せば「○○課長、お客さまが課長のこんなところをすばらしいとおっしゃっていました」とか、「主任がすごく張り切って仕事をしていること、実はうちのチーム内で話題なんです」と言えたりします。

◉Ｉメッセージで伝える「ＭＹほめ」

もう一つの「ＭＹほめ」とは、相手に対して「私はあなたのこういうところが長所だと思うよ」と伝える方法です。**「私は～だと思う」というのがポイントで、「Ｉメッセージ」**

で伝えているのです。「私」が思っていることなので、相手には否定のしようがありません。

人によっては、自分が長所だと思っていることが実は短所だったり、短所だと思っていることが実は長所だったりすることがあります。どちらの場合でも、相手に気づかせないといけません。

しかし、相手がそれを素直に受け入れなかったり、「いえいえ、そんな」と遠慮してしまっては、せっかくの気づかせようとしている行為そのものがムダになってしまいます。

ですから、相手が否定できないように**「私はこう思っている」**と伝えるのです。無理にわからせようとするのではなく、リーダーがそう思っていることを伝えて、後は相手に吟味させましょう。変化が見られないようであれば、繰り返し伝えればいいのです。

感謝を伝えられる人になるための2つのやり方

部下のモチベーションをアップさせるために、リーダーが実践すべきシンプルな方法の

２つ目は**「感謝を伝える」**です。ここでも２つのポイントがあります。

- **「当たり前」を「ありがとう」に変える**
- **「すみません」を「ありがとう」に変える**

感謝の言葉の代表的なものが「ありがとう」です。

では、「ありがとう」の反対語は何でしょう？　私は「当たり前」だと思います。

上司だからコピーを取ってもらって当たり前、コーヒーやお茶を入れてもらって当たり前、身のまわりの準備をしてもらって当たり前、飲み会でコートやジャケットをかけてもらって当たり前……ではありません。

有名なことわざに「実るほど頭を垂れる稲穂かな」というものがあります。「人格者ほど謙虚である」という意味で、人間、偉くなればなるほど謙虚になっていくべきである、という考え方です。

私が学園の勉強会で、各層のリーダーに伝えている**「威厳と威圧」**という話があります。「威厳」と「威圧」。よく似た言葉ですが、その意味合いは大きく違います。**威厳とは、**

周囲がその人に対して感じるもの。威圧とは、その人が周囲に対して発するものです。

威厳のある人は自分に対して厳しく、自分を律することができます。

逆に威圧的な人は、その威厳を無理やり出そうとしてしまっている人です。世の中には、実はそういうリーダーが多いのです。


リーダー職とは、基本的にその人の実績や人柄などをもとに会社や組織から任命されるものです。そのため、リーダーになった人の中には「ナメられてはいけない」「メンバーや部下を従わせないといけない」「チームを支配しないといけない」といった意識が働く人がいるのです。そのような意識が、自然と感謝の気持ちを忘れさせてしまいます。当然、威圧的になり、自分だけが「威厳がある」と思いこむリーダーになってしまうのです。それを回避するためにも、普段、**当たり前に思っていることや周囲がしてくれる小さな気遣いを感謝の言葉に変換してみましょう。**

メンバーや部下はそういうリーダーを見て「この人は立場が上がっても感謝の言葉を言えるすばらしい人だ」と自分のリーダーを誇らしく感じ、ついて行きたくなったり、チームに対するモチベーションをアップさせたりします。そして、自然と彼らもそういう人間に成長していくのです。

もう一つは「すみません」を「ありがとう」に変えるということ。これは、謙虚のつもりが実は〝卑屈〟になってしまうリーダーが少なくないためです。

「ありがとう＝感謝」です。そして「すみません＝謝罪」です。チームのメンバーや部下からすると、リーダーのために何かをしたり、指示されたことを遂行するのは役目です。その中に＋αの気遣いを含ませるのが、その人の人間性だったり、「人に尽くそう」という意識だったりします。

そのような気持ちでとった行動に対し、感謝されるのか、謝罪されるのか。相手にとってどちらの方が気分がいいのか、「また同じことをしよう」というモチベーションにつながるのかを考えてみてください。

日本人は謙虚な国民性なので、ついつい使ってしまいがちな「すみません」という言葉ですが、チームのモチベーションを高めるためにも、「ありがとう」が飛び交う環境をリーダーには作ってもらいたいと思います。

人を正しく動かすための2つの方法

本章の最後は、人を正しく動かすための方法をお伝えします。

人は、理性では動きません。感情で動く生き物です。ですから、**人を動かすには感情にフォーカスするのが基本です。**そのための感動マネジメントなのですが、そもそも人を動かすときには、リーダーはメンバーや部下に対し、きちんと伝えないといけないことがあるのです。

それが「あり方とやり方」と「未来を見せる」ことです。

◉人を動かす方法①：あり方とやり方を伝える

本章では、モチベーションアップの方法を伝える際にも、まずは「あり方」を伝えてから「やり方」を伝えてきました。

この順番には、意味があります。というのも、「やり方」だけを伝えても、メンバーや部下は伸びないからです。

あり方を先に伝えるのは仕事の目的を伝えるため。「目的を果たすために何が必要か」を考えさせることが大切です。そして、「やり方」はそのヒントだと思ってください。目的とヒントを伝える、その繰り返しが、自分で考えて自分で動く人材に成長させるのです。「やり方」だけを伝えると、人間は頭を使わず、作業しかしなくなります。結果、指示待ち人間が生まれてしまうのです。「うちは指示待ち人間が多い」とぼやいているリーダーは「あり方」をしっかりと伝えられているか、部下やメンバーはそれを理解しているか、今一度考えてみてください。

たとえば、リーダーがメンバーの誰かに、「エクセルでこの表を作って」とだけ伝え、書類を作るよう指示を出したとします。

リーダーがあり方を伝えず「エクセルで表を作る」やり方だけを伝えればいいという考え方の場合、依頼された側は、とりあえず指示に従って作業を開始します。そうすると、書類を作ることだけに集中してしまい、背景（あり方）を考えることをしないので途中で改善案を思いつく可能性があったにもかかわらず、リーダーがその機会を奪い、部下の成長を妨害してしまったことになります。

一方、最初に「あり方とやり方」を一緒に伝えると、どうでしょう。リーダーが指示を出す際に「この表は、こういうことで活用するから、エクセルを使ってこんな風に作って」と伝えるのです。すると指示された側は、あり方とやり方を理解して作業に入るので、途中で改善案があれば進言してきたり、もしくは改善したものを見せてきたりするのです。

さらにリーダーが指示を出す際に「基本的にこのやり方でやってほしい。でも、このように活用するあり方があるので、もっといい方法があるなら提案してほしい」と伝えておくと、依頼された側はさらにやりやすくなりますし、改善案を出しやすくなります。

あり方を伝えてからやり方を教えることによって、部下は正しく動けるようになり、仕事の質を高められます。その結果、チームの戦力として成長することができるようになるのです。

◉人を動かす方法②：未来を見せる

一つ目の例のように、チーム内で完結するような仕事の場合、先述のものだけで充分に人は動いてくれますが、もしも対お客さまなどの第三者が関わってくる場合は、もう一歩先のマネジメントが必要になります。

それが**「未来を見せること」**です。

見せ方としては、「これをすれば、こんなすばらしいことが待っているよ」と言うのではなく、「これをしなければ、これだけの困った状況や周囲への迷惑がかかる」という不利益につながるような面を示します。

商品やサービスにはほとんどの場合、お客さまが存在します。

その際、「この商品・サービスを提供することで、お客さまはこんな利益が得られる（幸せになれる）」というのがあり方。「このようなセリフや接客（立ち居振る舞いや笑顔など）で売りましょう」というのがやり方になるでしょう。

しかし、もしもそのあり方とやり方でお客さまが幸せになれなかったとしたら、どうなるか？　きっと、お客さまは満足しないばかりか、不信感を抱くでしょう。その瞬間はお金を払ってくれても、二度と来てもらえなかったり、売った人に対して恨みに近い感情を抱くかもしれません。悪いうわさが広まって、回りまわって会社や組織全体の不利益になる可能性もあるのです。

脅かしているように聞こえるかもしれませんが、そうではありません。

リーダーの中には「お客さまを大切にしましょう！　だから、こう売ってください」と上っ面ないいことだけを並べてしまう人が少なくありません。しかし、それでは足りないのです。たとえば、お客さまの都合や、商品をどのようなお客さまに使ってもらいたいかを考えずに商品を売りこんでしまうと、そのお客さまは今後、どんなに会社からいい商品が生まれたとしても決して購入してくれないでしょう。

お客さまは会社の信用と販売員の人柄で商品を買います。**きちんと責任感を植えつけ注意喚起をすることで、メンバーや部下はマイナス面を考えるようになり、正しく動けるようになるのです。**

「すべて用意されなくても動ける人」に育てるために

リーダーにとって、最もありがたいメンバーや部下とは、どのような人でしょう？

私は個人的に「**自分で仕事の目標を理解し、働く目的を持ち、将来のビジョンを持っ**

て、モチベーション高く人生を送っている人」だと思っています。

そういう人材が育てば、リーダーが一つひとつ指示を出したり、逐一モチベーションを上げたりしなくても、自主的に動き、成長します。そのためにリーダーは、自分のチームのメンバーや部下と一緒になって、将来を考えてあげる必要があります。

ほとんどの人は学校を卒業したら就職します。就職したら定年まで働き通すか、もしくは独立するなど自分の道を歩んでいきます。そのどちらにも関わってくるのが「仕事」です。つまり、仕事は人生において大きな割合を占めるのです。では、何のために仕事はあるのか？　なぜその仕事が存在し、その人に与えられたのか？　働くことを通じてどういう将来になっていくのか？

近い未来だけではなく、数十年後の未来のキャリアプランも一緒に考えてあげる。ポジティブでワクワクすることを一緒に考える。すると、そのメンバーや部下の働く意義や目指すべきもの、自覚しなければいけない課題や危機感、その先にはそれぞれの行動基準も見えてきます。

当学園は学校ですから、生徒たちを無事就職させるだけが仕事と思われるかもしれませんが、そうではありません。生徒たちも教員にとってチームのメンバーです。社会に出た後の将来のプランを在学中に一緒に考えることが、この業界で末永く活躍し、幸せを手に入れる方法だと思っています。

美容師のキャリアプランといえば「美容師を続ける」「就職先の店長になる（さらに幹部になる）」「独立しオーナーとして自分の店を持つ」「結婚してパートタイマーの美容師になる」「サロンで席を借りて美容師をする」「育てる側になる」などがあります。

もっと具体的なことを言えば、美容業界の初任給の相場、それが何歳くらいまでにどう上がっていくのか、結婚・出産費用の貯め方、奨学金があるのであれば返済を見越した貯金額の概算、昇進するなら何年目でアシスタントからスタイリストにならないといけないか、店を持つなら売上をどのくらい作らないといけないか……などなど、あげ出せばキリがありませんが、一緒に将来を考え、そのために今のうちに何を身につけなければいけないか、を逆算して伝えていきます。

「そこまでするのか？」と思われるかもしれません。

しかしこれを、教員が手取り足取り教えてあげるのではなく、さまざまな授業や指導、そして、卒業生の講演や面談を通して一緒に考え、本人に答えを出させるのです。そして、さらに出した答えに対しての目標を与えます。そうすることで、自主的に動き、成長する人材に育っていくのです。

会社としては当然、研修や勉強会を行わなければなりません。しかし、**一番重要なのは会社の方向性、いわゆる理念を理解させることです。会社のトップが伝えていることを、リーダー自身が自分の言葉でメンバーや部下に伝承することが大切です。**社会での、そして自分たちの会社での、存在価値を理解させることで、さらなるモチベーションアップにつながります。

会社の理念の追求は簡単なことではありません。自分の存在価値を理解することも簡単ではありません。しかし、リーダーが会社の理念を伝え続けることによって、迷いやとまどい、混乱が生じたとき、その言葉が判断軸となって自ら考え動けるようになるのです。

第5章

感動のある組織にこそ人は育つ

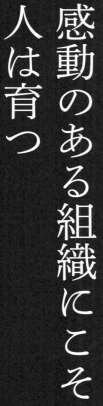

感動を積み重ねない会社・組織に人は育たない

ここまで、「リーダーの責任」「感動マネジメント」「モチベーションアップについて」と、「感動にフォーカスした人材マネジメント」をテーマにさまざまな角度からお伝えしてきました。

本章では、当学園で実際にあった感動が生まれたエピソードや、私自身や先代である私の父親が行ってきたことを、数ある中から一部抜粋してお伝えしていきます。

学校というある種の特別な空間で起きた出来事の数々ではありますが、一般の会社や組織、一企業内のチームであっても、基本的な考え方は同じはずです。

「感動を積み重ねない会社・組織に人は育たず、それがあるところにこそ人が育つ」

本書をここまで読み進めてきたあなたなら、これらのエピソードの中から自分の組織やチームで活かせるものをきっと見つけられると信じています。

リーダーのちょっとした励ましが、がんばる元気につながる

まずは、リーダーが新人メンバーにかけた一言が、小さな感動としてその人のモチベーションアップになったエピソードです。

ある職員が中途採用で当学園に入社してきた頃、先代の理事長である父親からランチに誘われて近くの喫茶店へ行きました。新入職員が組織のトップと話をする機会はほとんどないため、彼は緊張したままグラタンを食べ、その味はほとんど覚えていないそうです。しかし、そのときに父親からかけられた言葉は今も記憶に色濃く残っていると言います。

たまたま家族の話になり、その職員は20年近く親兄弟と連絡を取っておらず、どこに住んでいるかも知らないことを告げました。

すると父親は、「30代ではまだ実感がないかもしれないが、年を経れば必ず会いたくなる。そのときに立派にやっていることを伝えられるよう、今をがんばらないといかんぞ」と語ったそうです。

父親から励ましの言葉にその職員は感動し、がんばる元気をもらったと言います。大げ

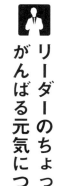

さな言葉でなくとも、**ちょっとした気遣いをリーダーがメンバーや部下に伝えることで、それは大きな感動となる**のです。現在では、その職員は課長として活躍してくれています。

その人の周囲への気遣いが、さらなる感動と成長を呼ぶ

チームのメンバーや部下本人だけではなく、その周囲の人たちへのリーダーの気遣いが、感動を呼ぶことも少なからずあります。

ある主任のエピソードでは、父親が見せたちょっとした気遣いが感動を呼び、彼自身の成長にもつながっているようです。

私の父親は、その主任と一緒にお茶を飲むときなど、仕事の話よりも主に家族の話を聞いていました。奥さんとケンカをしていないか、子どもは何歳になったのか、子育てにはどんなことが大切か……など、人生の先輩としてのアドバイスをしていたようです。さら

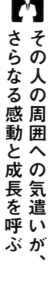

に、主任の父親が亡くなったときには、告別式後の最初の出社の際に、主任本人だけではなく母親の体調なども気遣ったとのこと。その心の広さと愛情の深さに大きな感謝と感動を覚えたそうです。

当学園では、結婚している教職員に対して、結婚記念日に花を送るようにしています。（こういう会社や組織は少なくないと聞きます）

花が家に送られてくると感動するのはご家族の方で、届いたことを伝えるメールが教職員にとってのリマインドになるそうです。花をきっかけに教職員はご家族に日々の感謝を伝えることができ、仲睦まじい間柄を続けられていると言います。

リーダーがメンバーや部下だけでなく、彼らを支える、その家族も同様に大切にしようとする行動は、単に彼らにリーダー自身の思いを伝えるだけにとどまりません。その行動をメンバーや部下が今度は**自分ごととして実践すれば、それは本人たちの人間的な成長にもなります。**

成長を信じてまずプラスにフォーカスし、改善を促す

当学園のある幹部は、部下の誕生日にメッセージカードとその人にぜひ読んでもらいたい本をプレゼントしています。

本屋さんへ足を運び、部下の現状を思い浮かべながらさまざまな本を見ていくと、その部下のよいところや、普段の感謝の気持ち、そしてもっと成長してもらいたい部分がたくさん思い浮かぶそうです。そんな思いが詰まった本をもらった部下は「上司はいつも自分のことを考えてくれているんだ」と感動します。カードには直筆でメッセージを書きますが、このときに心がけているのは、**「必ずプラスのメッセージを贈る」**ことだそうです。

仕事はうまくいくことばかりではありません。基本的な業務でミスをしたり、トラブルを引き起こしたり。中には、リーダーである自分とうまくいっていない部下もいます。しかし、どんなメンバーに対しても感謝とこれからの成長を期待する気持ちをメッセージにこめて手渡しをしています。それは、学園の幹部としての「雇った責任」「リーダーとしての責任」「部下を守る責任」があるからだと言っていました。

当学園では、新入教職員を採用する際、最終面接は必ず私が一対一で行います。それだ

け採用は大切だと考えているからです。だからこそ、雇った以上はどのようなことがあっても職員を信じて、育てきる覚悟を持っています。

誰しも働いていればどこかで何かしらのミスはするでしょう。でも、「ミスをしたい」と思ってしているわけではないはずです。ミスはミスとして指導・改善しないといけないのは当然ですが、それとは別に、リーダーとして学園というチームに貢献してくれているメンバーへ感謝と期待を伝えるべきだと考えています。まずは、プラスの視点で彼らの長所にフォーカスして成長を促してから、指導・改善をした方がよいと考えているのです。

リーダーが実践した感動の積み重ねは、いつか大きく返ってくる

次は、積み重なった感動が大きくなってリーダーへと返ってきたエピソードです。

当学園には、生徒の誕生日に担任の教員が花を渡す習慣があります。クラスというチームのリーダーである教員が、生徒たちの誕生日に一輪のバラを渡すのです。やり方は、生

徒たちが登校してくる前に対象の生徒の机の上にバラを置いておく。さらに、名刺サイズの手書きのメッセージカードを添えます。

ある教員は、卒業式に生徒の一人ひとりからバラのお返しをもらいました。40人の生徒のバラが一つになって、大きなバラの花束になりました。そしてそこには、教員への感謝のメッセージカードも。教員はもちろん、生徒たちも涙が止まらない状態で、おたがいにこれからもっとがんばっていこうと誓い合ったそうです。

また、別の教員は受け持っていた生徒が卒業して3年がたった頃、ある雑誌で彼女の姿を見たそうです。東京の有名なサロンに就職し、がんばっていたところ、その店が雑誌で特集され、彼女も取材を受けたようでした。インタビューでは、彼女の洋服だけではなく持ち物も紹介されており、その中の「大事なもの」の一つに、かつて自分が渡した誕生日のメッセージカードが入っていたのです。

「これは、美容の楽しさを教えてくれた恩師からいただいたものです」

インタビューには、そう書かれていました。彼女はそのカードを常に財布に入れて持ち歩いているようで、それがその教員には何よりも嬉しく、さらに現在も美容業界でがんばってくれていることを誇りに思ったそうです。

感動を積み重ねるのは、何もチームのメンバーをマネジメントするためだけではありません。**リーダーの思いのこもった小さな感動の積み重ねは、いつか回りまわってリーダー自身のところに返ってくることもあるのです。**

リーダーはメンバーを育てていると同時に育てられてもいる

与えた感動がリーダーの元へと戻ってくるという意味で、もう一つ、こんなエピソードがあります。

今は課長職にある職員が、かつて担任としてクラスを受け持っていたときの話です。

彼女は担任として途中からクラスを受け持つようになったものの、なかなかクラス運営がうまくいかず、悩む日々を送っていました。生徒の出席率も低く、成績もよくない。要

する に〝数字〟が悪いため、自分の指導がよくないことや、生徒たちが満足のいく学園生活を送れていないことを明確に思い知らされてしまったのです。それでも職務を果たし、先輩の教員たちやリーダーである主任にアドバイスをもらいながら、なんとか生徒たちを卒業させました。しかし、残ったのは生徒への申し訳なさ、自分の力量不足・知識不足・技術不足による不甲斐なさでした。それからの彼女は、同じ思いを生徒にも自分にも二度とさせないよう、懸命に努力するようになりました。

そして数年後、最初に自分が受け持ったクラスの卒業生が、彼女に連絡をしてきました。話を聞いてみると、「先生という仕事が面白そうだから、ぜひ私もやってみたい」と言うのです。

その一言で、彼女は救われたそうです。

現在の自分があるのは、当時、自分を励ましてくれた先輩たちや当時のリーダーのおかげ。そして、「わかってもらえないかもしれないけど」と思いながらも未熟なりにまっすぐ伝え続けた思いが実は伝わっていたと気づかせてくれた生徒たちのおかげ。「自分は担任というクラスのリーダーとして生徒を育てているようで、同時に生徒からも育てられている」と教えられたようで、深く感動したそうです。

人に影響を与える立場としての責任

リーダーがメンバーや部下とどう関わるかによって、彼らの人生を大きく左右する可能性がある、というエピソードをご紹介します。

現在では主任を務めている職員が、入社1年目で初のクラス担任を務めたときの話です。

特に問題のないクラスに、一人だけ担任の頭を悩ませる男子生徒がいました。これといった問題行動をするわけではありません。登校すれば楽しそうに勉強し、クラスメイトとも仲よく過ごしていました。ただ、彼には大人への不信感が強くあり、その影響もあってなまけ癖がついてしまい、入学してから半年ほどの間に遅刻と欠席を繰り返していたのです。このままでは2年生への進級が危ぶまれるようになります。さらに「退学したい」と漏らしていることが担任の耳に入りました。そこで担任は保護者と当時の課長に相談して、男子生徒を除いた三者面談をセッティングしました。そこで男子生徒の母親から、彼がどうして大人への不信感を持ち、なまけ癖がついてしまったのかを聞きました。

男子生徒はもともと優しい性格で、しかも家族思い。しかし、高校での担任教師との折り合いが悪く、トラブルの末に退学。別の高校に編入したのですが、それでも大人への不信感が拭えず、あまり学校に行かなくなり、結局ギリギリの出席日数で何とか卒業したということでした。

話を聞いて、心を痛めた担任と課長。母親もとても悩んでいたようで、「就職できなくてもかまわないから、ここで一つのことをやりきる大切さ、継続することの大切さを体感させたい。だから息子を見捨てないでください」と、2人に涙ながらに切実な思いを訴えました。

そして、こうも言ったそうです。

「息子の大人への不信感は、ここに入ってからはかなり軽減されています。息子も『ここなら自分も変われそう』と言っています」

担任は嬉しく思うとともに、それ以上の責任を感じたそうです。

翌日、担任は男子生徒と面談し、母親の思いを伝えました。そして、男子生徒自身が自分の今後の人生をどう考え、どうしたいと思っているのかを聞きました。母親の思いを初めて知った彼は、不甲斐ない自分に対してくやしさをにじませ、変わるよう努力すると約束したと言います。

そして時は過ぎ、3学期の終業式。担任は、生徒たちの前である発表をしました。自分に異動の辞令が降りたことを告げたのです。卒業まで見届けられないことを申し訳なく思っていることも伝えました。

すると、驚きと涙で包まれるクラスの中で、かの男子生徒が言いました。

「１年間、自分を見捨てないでいてくれて、ありがとうございました。２年になったら無遅刻無欠席で学校に来ると約束します。だから向こうでも見守っていてください」

男子生徒は約束通り、無遅刻無欠席で２年生を終え、ジュエリー会社に就職。現在では優秀な営業成績を上げ、活躍しているそうです。

高校で折り合いの悪い教師と出会ったことで大人に対して不信感を持ってしまったものの、彼は当学園でそれを解消できる出会いに恵まれたのだと思います。

社会人となると、保護者を呼んで面談をする訳にもいきません。本人との向き合い方も、教員と上司では違うでしょう。何度言っても同じ失敗を繰り返す部下に対して、言葉や対応がきつくなったりすることもあるでしょう。

しかし部下は、できると思っていたことができなかったり、何度指導されても改善できなかったりすると、徐々に混乱して失敗を繰り返す悪循環に陥っていることがあります。

そうなると「自分が悪い」と思いこみ、どんどん追いこまれて、最悪の場合は離職や休職につながってしまいます。

そのときにリーダーは考えてみてください。**自分の指導の仕方が相手に正しく伝わっていなかったのではないか。求めるレベルが高すぎてはいなかったか。**

社会人として高い知識とスキルを持つことは、チームとしても個人としてもとても重要です。しかし、**人にはそれぞれの成長のペースがあり、ちょっとしたきっかけが大きな影響となって人生を左右させます。**

人の未来に大きく関わるという意味において、リーダー職はそれだけの責任がある仕事なのです。

第6章

こんなリーダーにはなるな！
こんなリーダーになれ！

今すぐリーダーとしての自分自身を見直そう

本章では、ここまでにお伝えしてきた内容の総まとめとして、私が考える「こんなリーダーにはなるな！　こんなリーダーになれ！」の指標についてお伝えします。

現状の自分自身を振り返りながら、「知っているか？」ではなく「実践できているか？」と自問自答しながら読み進めてもらいたいと思います。

私が考えるそれぞれの指標は次の通りです。


こんなリーダーにはなるな！

- 人を雑にあつかう
- 「Ｗｈｙ？」で追いつめる
- 仕事を丸投げする
- 「自分で考えろ」が口癖
- コミュニケーションを怠《おこた》る
- 「嫌われてもいい」「嫌われたくない」と考えている

・人間力が低い

こんなリーダーになれ！

・安心・安全な職場環境を作る
・言い続け、やり続ける
・チームの絆を強められる
・部下の人生を丸ごと受けとめられる
・部下の夢を１００パーセント応援する
・自分の足で立てる部下を育てられる
・感動を伝え続けられる

それぞれ７つの指標について、次から見ていきましょう。

「こんなリーダーにはなるな！」７つの指標

◉人を雑にあつかうリーダーにはなるな

チームのメンバーや部下をモノあつかいしたり、無理難題を押しつけたり、自分の都合に合わせていいようにこき使ったり……

人を雑にあつかうリーダーは、地獄に落ちると思ってください。

他にも、大勢の前で吊るし上げたり、部下に責任を転嫁することも、「人を雑にあつかうこと」に入ります。そのようなリーダーをメンバーや部下は1ミリたりとて助けようとは思いません。作業効率も能力もモチベーションも極端に落ちるだけでなく、もしかしたら心を痛めて休職、最悪の場合は退職してしまうでしょう。

人のあつかいについては、何も組織の中に対するものだけにとどまりません。

取引先や、クライアントに対して横柄な態度を取る（たとえば、お金を払う側だから上の立場にあると考えたり、相手先の担当者が自分よりも若くて経験が浅かったりした場合、上から目線で話したりするなど）ということも入ります。

当学園で過去にあった例では、リーダー職に就いている者が郵便配達員の方を雑にあつかったことがありました。当学園は大阪市内に2つの学校があるのですが、そのうちの片方を閉めて、もう片方で全体の研修会をしたことがありました。

そのとき、配達員の方が、閉まっていた校舎から研修会をしている校舎まで、とても重要な書類をわざわざ持ってきてくださいました。しかし、対応をしたリーダーは、「向こうの学校は本日閉めているので、郵便は後日お願いします」と追い返してしまったのです。最終的には無事に書類は届き、配達員の方にはきちんと感謝を伝えられたのですが、リーダーの対応は、人を大切にする考え方を重視している当学園としては絶対に許せないものでした。

配達員の方は、本来の届け先が閉まっていた時に、そのまま持って帰ることもできたはずです。職務マニュアル上はそれでも問題なかったと思います。しかし、わざわざ気を遣ってもう一つの住所を調べ、持ってきてくれたのです。対応したリーダーはとりあえず受け取っておいたり、配達員の方にこちらの校舎に持ってきてくれた事情を尋ねたりすることもできたはずです。もしも、配達員の方に子どもがいて、美容師を夢見ていたとしたら？　親族の中にそういう人がいて相談をしたとしたら、人を雑にあつかう当学園を勧めようとするでしょうか？

　このように、人を軽くあしらったり、メンバーや部下、取引先の方々を大切にしないリーダーは、いつか回りまわって因果応報の状況になる可能性が高いです。そんなリーダーにはならないでください。**リーダーはその組織の中で与えられた役割にすぎず、人としては上でも下でもなく、偉くもないのです。**

◉「Ｗｈｙ？」で追いつめるリーダーにはなるな

　チームのメンバーや部下がミスや失敗をしたとき、「Ｗｈｙ＝なぜ」で問いつめようとするリーダーが少なくありません。

　しかし、この**「なぜ」で問いつめるやり方は、99パーセントいいことがありません。ミスに対して「なぜ？」と問われたら、人は必ず委縮し、言い訳をし、最終的には自分を無能化します。**

「申し訳ないです、ミスをしてしまいました」

「なぜ、ミスをしたんだ？」

「準備不足でした」

「なぜ、準備を怠ったんだ？」

「他の仕事でいそがしく……」

「なぜ、スケジューリングをしなかったんだ？」

「したんですが、目算が甘かったです」

「なぜ、そんな穴だらけのスケジュールしか立てられなかったんだ？」

「……すみません」

「『すみません』じゃなくて、こっちは理由を聞いてるんだよ」


ここまで問いつめられると、最終的にメンバーや部下は「自分がダメ人間だから（＝自分は無能）」と言わざるを得なくなります。どんどんセルフイメージを落とし、必要以上に自分を貶《おとし》める結果になってしまうのです。

リーダーがメンバーや部下に「なぜ？」と問うとき、その行動を取った理由や考え方や心理を把握したい気持ちはわかります。どこに間違いがあって、何を正さないといけないのかがわからないと、リーダー側も再発防止のための指導・改善のしようがないからです。しかし、自分の怒りのはけ口としてや、知識不足や経験不足などでどう考えても本人には答えようがないことに対して「なぜ」で問いつめるのは、言外に「どうしておまえはそんなに無能なんだ」と言っているのと同じです。

本当に再発防止のために改善したい気持ちがあるなら、「Ｗｈｙ」ではなく「Ｗｈａｔ」で問いましょう。


「申し訳ないです、ミスをしてしまいました」

「ミスをしてしまった理由は何？」

「準備不足でした」

「何が理由で準備不足になったの？」

「他の仕事でいそがしく、スケジューリングしたつもりが、見積もりが甘かったです」

「具体的にミスにつながったと思うポイントは何？」

「○○のタイミングじゃないかと思います」

「じゃあ、次も同じことにならないために何を改善すればいいと思う？」


このようにすれば、ミスをした側も自分で改善のためのポイントを見出すことができますし、リーダーはその成否の判断をすることができます。

また、「なぜ」の問いつめは99パーセントいいことがないと言いましたが、次の場合にだけは有効です。**相手の「できた理由」を聞くときです。**

「断られ続けていた方とのアポイントが取れました」

「スゴいじゃないか、なぜ、そんなことができたの？」

「最初は断られたんですが、あきらめずに根気よく様子うかがいの電話を欠かさなかったからだと思います」

「なるほど、なぜそう思ったの？」

「自分も、過去に何度も連絡をもらった人とだんだん親しくなったことがあったので」

「それをヒントにやってみたら成功したんだね、スゴいじゃないか。では、次は商談につなげるためにこうしてみたらどうかな？」

このようにして、「なぜ」はプラスの理由を探るときには使えます。

マイナスではなくプラスの理由を探るリーダー、改善のときに「Ｗｈｙ」ではなく「Ｗｈａｔ」で質問できるリーダーになってもらいたいと思います。

◉仕事を丸投げするリーダーにはなるな

部長から課長、課長から主任……というように、リーダーが自分の上司から降りてきた仕事を、チームのメンバーや部下に丸投げするようなことがあってはいけません。

「部下を信頼しているから任せている」と思うかもしれませんが、**「部下を信じて仕事を任せること」と、「自分が面倒だから誰かに丸投げすること」は違うのです。**

当学園のある事案で、本来は各課の課長同士が密にコンタクトを取り、連携して取り組まなければいけない企画がありました。しかし、ある課の課長はそれを主任に丸投げしたのです。

当然、丸投げされた主任はその内容を見て、ヒト・モノ・カネ、そして他部署との連携など、とても自分の職責だけではどうにもしようがないことを理解しました。

ただ、その主任がすばらしかったのは、任せられた責任を重く受けとめ、できる範囲でなんとか企画をまとめて課長に渡し、校長に企画書を上げるところまで持っていったところです。

しかし結局、校長のところに上がってきた段階で、この事案は一旦、停滞しました。

「この企画はきちんと他部署との調整がすんでいるのか？」「本当にこのプランで実現可能なのか？」などの校長からの指摘に対して、企画を持っていった課長が明確に答えられなかったからです。いわば、課長は主任の企画書を運ぶだけの〝伝書鳩〟になってしまっていたのです。「こういうリーダーは必要か？」というところにまで波及した問題でした。

では、その課長はどこまでやるべきだったのか？

そもそもの仕事の振り方から改めるべきだったのです。リーダーである以上、すべての仕事を自分で抱えこまず、メンバーや部下に任せることは必要です。しかし、任せ方があるのです。それをせずに任せてしまうのは〝丸投げ〟になりますし、そこに「私は部下を信じているから」というお題目を唱えても、信頼しているのではなくただの〝過信〟や〝怠慢〟ということになります。信頼はいいですが、過信はリーダーの職責を果たしているとはいえません。

リーダーが仕事を振るときには次の５つの「方向性」を示さなければいけません。

・**戦略＝その事案の全体的な方針**
・**戦術＝戦略に基づいた詳細なやり方**
・**方針＝何のためにそれを行うのか**
・**目標＝どのようなゴールを目指すのか**
・**ヒト・モノ・カネの流れ＝人材、サービスや施設・設備、使えるお金やその出どころ**

リーダー自らがこの５つを決定したうえで、メンバーや部下に仕事を振るのです。でなければ、メンバーや部下も困りますし、リーダー自身もできあがってきたものが正しいのかどうかのチェックができません。

さらに**リーダーは、自分のその指示の出し方で彼らが動けるのかどうかも、確認しておかなければいけません。**

◉「自分で考えろ」が口癖のリーダーにはなるな

ある種のプロジェクトだけに限らず普段の業務でも、部下からの相談や質問に対して**「いそがしいから後で」と言ってそのまま放置したり、「知らん、自分で考えろ」と言って**

取り合わないリーダーは、間違いなく信頼を失います。

どちらの場合も、メンバーや部下はリーダーに対して「この人、私のことを見捨てようとしているな」と思います。もしくは「この人、きっとアイデアがないんだな」と見下す要因にもなります。

さらに、相手の相談内容をすべて聞かないうちから「こうすればいい」と自分の**勝ちパターンを押しつけ、それで教えた気になっているようなリーダーもアウトです。**相手は「それは、あなただからできたんでしょ」「それとこれとは微妙に事情が違うんだけどな……」と、リーダーへの期待をなくしてしまうのです。

ただこのことについては、そう言ってしまうリーダー側の気持ちが少しだけわからなくもありません。というのも、相談する側が何のアイデアや答えも出さずに、とにかく「どうしたらいいですか？」と丸投げの質問をしてくるケースもあるからです。リーダーにとって、そのあたりの見極めは必要になってくるでしょう。

考えもなく、また考えた様子もなく、わからないという理由だけで相談に来た場合には、「一度、間違えてもいいから自分なりに答えを出してみて」と伝えて本人に考えさせるのはＯＫです。ただし、そうやって相手が答えを持ってきたときには、次はきちんと話を聞き、アドバイスをするのか、さらに深く考えさせるのかを決めなければいけません。

相手が本当に困り果てて相談をしにきているのにも関わらず、「自分で考えろ」と言ってしまうのは、やはりリーダー失格です。その見極めができるリーダーになってください。

◉コミュニケーションを怠るリーダーにはなるな

自分自身の仕事やお客さまとのやり取りももちろん大事ですが、それと並行して**リーダーが最優先にすべきは、チームのメンバーや部下とのコミュニケーション**です。

なぜなら、リーダーがお客さまに接する時間は最前線にいる部下に比べて圧倒的に少ないはずですし、リーダー自身の仕事の中には、チーム全員を成功に導くことが入っているからです。また、**メンバーや部下とのコミュニケーションをおろそかにすると、チーム内の人間関係の悪化に気づかず、いずれは大問題に発展するケースもある**のです。

人間関係が組織の中で大問題に発展するとき、その火種は、実は周囲の人たちが思っているよりもはるか前にあったりします。

あるチーム内の先輩職員と後輩職員の関係が大問題にまで発展したことがありました。

先輩は体育会系で言葉は荒いものの情が深く、後輩はミスをしがちではありますが、先輩の言うことを聞いてがんばって仕事をしていました。2人は傍目にはとても仲がよく、先輩の厳しめな指導も、後輩の成長を願っての〝愛のムチ〟だとリーダーや他のメンバーに思われていたのです。

しかし、実は後輩は先輩が怖くて仕方がありませんでした。これ以上、厳しくされたくないがために言うことを聞いているフリをしていただけだったのです。やがて耐えきれなくなった後輩は、ある日突然、仕事に来なくなってしまいました。あわてたのは周囲でした。「2人は仲がよい」と思って安心していたはずが、いきなり火を噴きだし、大問題へ発展してしまっていたのです。ここまで事態が悪化すると、部署のリーダーが沈静化するしか方法はありません。その間、チーム内には不信感が募り、仕事が停滞したり、チームの雰囲気が悪くなってしまったりと、誰にとってもいいことはありません。

もしも、先輩職員と後輩職員を取りまとめるリーダーが、普段から彼らとのコミュニケーションを心がけ、時には先輩に注意をしたり、後輩のフォローをしていたとしたら、事態はもっと違っていたでしょう。しかし、そうならなかったのは、リーダーが部下とのコミュニケーションを怠っていたことで、「火種に気づかなかった」か「大きな問題に発展するイメージが持てなかった」からです。

火種を見つけるには、「その会社や組織、チーム内にある規律が乱れていないか」というところに着目してみてください。一見するとうまくいっていそうなことでも、もしかすると目に見えない〝火種〟がくすぶっていたりするものです。それを見逃してメンバーを不幸にしてしまうリーダーにはならないでください。

◉「嫌われてもいい」「嫌われたくない」と思うリーダーにはなるな

リーダーとして、メンバーや部下の長所を見つけ、それを伸ばしていくことも必要ですが、必ずしもそれだけではすまないのが現実です。指導しなければいけないこと、ときには叱らなければいけないこともあります。私自身、単に相手を甘やかすだけがいいとは思っていません。

しかし指導をする際に、次のように考えてしまうリーダーが少なくないのです。

- **嫌われてもいいから厳しくしよう**
- **嫌われたくないから優しくしよう**

これはどちらも間違いです。リーダーとしての責任を放棄していることになるからです。

「嫌われてもいいから厳しくしよう」――リーダーがこう考えてしまうと、一番困るのはメンバーや部下です。「おまえのためだ！」と言われても、言われる側はたまったものではありません。「自分は相手のために正しいことをしている」という〝正義感〟があるぶん、よけいにタチが悪いです。

はっきり言ってしまうと、**嫌われた瞬間にリーダーの言葉は相手には通じなくなります。**たとえ、その内容がどれだけ正論であっても、「でも、あなたの口からは聞きたくない」と耳をふさがれてしまうのです。

逆に「嫌われたくないから優しくしよう」とリーダーが考えると、甘い組織になってしまいます。優しくするのはいいことです。相手のことを慮《おもんぱか》って言葉を選んだり、正しく理解してもらうために、とことんまで言葉を尽くす人間としての優しさはリーダーに必要なものです。

しかし、優しくすることと甘やかすことは違うのです。そこを勘違いして甘くしてしまうと、「この人は何をしても怒らない」と相手からナメられてしまいます。さらに、「どうしてこの人は指導しないのだろう？」と、真面目にやっている人たちからも失望されてしまうのです。

◉人間力の低いリーダーにはなるな

魅力のないリーダーには人間力がありません。しかし、この「人間力」というものはなかなかつかみどころがなく、何をもって〝ある・なし〟を判断するのかが難しいでしょう。

もちろん、人間力がある人・ない人というのは、相手にすぐに伝わります。しかし、漠然と伝わるだけで、なぜそう感じるかは説明しづらいのです。

ただ、私が考えるに、人間力の低いリーダーに共通しているものは、次の5つです。

- **感情のコントロールができない**
- **えこひいきをする**
- **差別的である**
- **人格否定をする**
- **自分を最優先にする**

まず**「感情のコントロールができない」**ですが、これは「感情を戦略的に使うことができていない」ということです。

たとえば、誰かを叱らなければいけないときに怒りに任せる――これはまったくコントロールできていません。むしろ振り回されてしまっています。だから、言ってはいけないことを口走ったり、ついつい言いすぎたりするのです。**叱るなら、相手に「最終的にどうなってもらいたいのか」というゴールをもとに戦略的に考える。**単に間違いを正すのか、考え方から直さないといけないのか、自分が直接言うべきか、人づてに言うべきか、個人的に話をするか、みんなの前で名指しせずに言うか……など、戦略を考えることで必要な感情をリーダー自身が取捨選択できます。

次に**「えこひいきをする」**ですが、これは「すべき」という考え方と「すべきではない」という考え方があるかと思います。

私は「すべきではない」と考えます。

特定のメンバーや部下だけを可愛がったり、自分と気の合う人とだけ食事に行ったり、気に入っている人の提案だけ手放しで受け入れたり……人間、好き嫌いがあるのは理解できますが、**チーム全員を成功させようと思ったら、基本的にリーダーに求められる姿勢は**

公平であることです。えこひいきを当たり前のようにしていると、自然と残ったメンバーの中に妬みの感情が生まれますし、社内いじめが起こる原因にもなってしまいます。

また、「どうせあの人の提案が通って、自分の提案はスルーされる」というメンバーのモチベーションダウンを招いたり、「もしかして、あの2人は何か特別な関係なんじゃないか？」と不要な勘繰りが生まれてしまったりするので注意が必要です。

続いて**「差別的である」**ですが、これは人としてNGと言えるでしょう。

近年は、職場環境の改善の取組みにともない、ハラスメントへの意識そのものが急速に高まっています。「男のくせに」「女のくせに」などの、以前は特に意味なく使われていた言葉が敏感に反応されます。

日本は海外に比べて、人種や宗教による差別がほとんどない国です。そのかわりに、生い立ちや性別に対する差別発言が起こりがちであることも、リーダーは気をつける必要があります。何気なくみんなの前で漏らした一言で、あっという間に足元をすくわれることもあるのです。

そして**「人格否定をする」**ですが、これは意識せずに使ってしまうケースが多いので、特に注意してください。リーダー自身は指導や改善のつもりで言っているのが、傍目には仕事の範囲を越えて、その人の人格まで否定しているように見えることが多々あります。ミスして落ちこんでいるメンバーや部下に「そんな考え方だからダメなんだ」「ネガティブ思考だから失敗するんだよ」「慎重になりすぎるからチャンスを逃すんだ」「ゆとり教育だから仕方ない」など、言ったことがあれば要注意です。

最後は**「自分を最優先にする」**です。これは、リーダーが自分の都合を第一に優先させることです。

ゴールデンウィークやお盆の休みをチーム内で調整するときに、振替休日や有給休暇を利用し、自分だけ連休にし、メンバーや部下には飛び石にして日数だけを合わせる、などは論外です。

リーダーは、部下の休みや時間を常に大切にしてあげることによって、自身に何かあったときに誰からも不服を言われず休みや時間に融通を利かせられるのです。

「人間力」をテーマに考えれば、他にもいろいろと要素が出てくると思います。しかしここでは、普段の生活でつい行いがちな、リーダーの人間力を下げるポイントについてお伝えしました。日頃から心がけ、このようなリーダーにならないようにしてください。

「こんなリーダーになれ！」7つの指標

◉安心・安全な職場環境を作るリーダーになれ

リーダーとして組織やチームの「安心・安全」を確保することは、チーム運営をしていくときの基本的な役割です。

心理学者、マズローの欲求5段階説でも「安全の欲求」は2段階目にあります。1段階目の「生理の欲求」は人間の生命を維持するための本能的なもの（食事・睡眠・排泄など）なので、よほどのことがない限り満たされていると思います。ですから「安全の欲求」は、社会生活を営む中での欲求としては最も基本と言えるのです。

この欲求が満たされていれば職場への信頼が生まれ、仕事の質を高めることができます。

では、安心・安全な職場環境を確保するために、リーダーは何をすべきなのか？　具体的な内容についてはそれぞれの組織によって異なってくるとは思いますが、考え方としてその逆を想像してみてください。安心・安全の逆は「不安・危険」です。不安で危険な職場環境にしないためにリーダーが何をすべきか、という視点で考えていきましょう。

当学園の主な備品には、机やホワイトボードなどのどんなオフィスにでも常備されているものに加え、とがった形状の文房具やカッターナイフなどの刃物、他よりも数が多いモノで言えば、シザー（ハサミ）などがあります。これらがきちんと指定の場所に収められているか、ゆがんでいないか、破損していないか、倒れそうになっていないか……などを細かく確認し、危険な環境を取り除くことで、一歩ずつ安全を確保していけます。

一般的な企業になぞらえれば、営業車がきちんと整備されている、ドライブレコーダーがついている、運転のための安全講習がある、駐車場代やガソリン代などの経費をきちんと請求できる、なども入ってくるでしょう。

また、企業のリスクは自然災害、知的財産や個人情報の流出、人間関係のトラブルなど多種多様です。そのようなリスクに会社として向き合うのは当然ですが、やはり人が関わる以上、リーダーとして今の現場の状況に重大なリスクがないか、を考えないといけません。そして、そのリスクを軽減したり取り除いたりする方法を常に考えて、必要であれば行動をとることが大切です。

安心という意味では、リーダーのメンバーに対する振る舞いは特に重要です。

機嫌が悪いときには怒鳴り散らし、機嫌がいいときはニコニコしている――こんなリーダーであれば、メンバーや部下はリーダーの顔色を見て「今日は安心だ」「今日はヤバいから近づくな」となってしまいます。

他にも「爆弾顧客を丸投げされる」「休憩やランチタイムを度外視して長時間労働させられる」「無言の重圧で残業を強いられる」「言葉の暴力や物理的暴力」「クレームになりそうな事態に対処してもらえない」など、挙げ出せばキリがありません。このような不安や危険要素をどれだけ取り除いていけるかがリーダーの責任でもありますし、チームのメンバーや部下のモチベーションにもつながります。

◉伝え続け、やり続けるリーダーになれ

チームの方向性として大切なこと、会社や組織としての理念や指針、日常的な当たり前のこと……**すべてにおいて、リーダーはチームのメンバーや部下に伝え続けないといけません。**

それを怠ると、各メンバーがそれぞれの考え方をもとに行動するようになり、結果としてチーム全体の方向性がブレてしまうからです。

父親が理事長だった頃、毎月各学校での勉強会で会社の方針を示し、「このような教育をしなさい」「ささいなことでもほめなさい」などのリーダーとしての考えを伝え続けていました。

しかし、あるとき体調を崩してしまい、勉強会どころか出社すらもあまりできなくなってしまいました。すると、理念の解釈や目的の考え方のズレから生じる問題が多発し、組織全体がバラバラになりかけてしまったのです。トップが不在だと、最終決定をそれぞれの部署の長で行うことになります。もともとトップダウンの組織のため、各々が責任を持って考えて生み出し、やり遂げるのではなく、すべて指示で動く文化が根づいていました。よって、慣れない状況で各自が判断もできず、常に誰かに答えを求め続けていた組織はまとまらなくなりました。

ちょうど、私が父親から事業を引き継いでいる途中のタイミングのことだったので、私は父親から許可を得てすぐに勉強会を再開しました。父親の創立の思いから説明し、学園理念とこれからの学園の発展を伝えることにしたのです。さらに私は課長には主任たちへ、主任は教員たちへ、それぞれのチームのメンバーのレベルに合わせ、より具体的にかみ砕いて伝えるよう指示を出し続けました。そうすることで徐々に学園全体が、理念に基づいた行動を理解できるようになっていきました。

この経験から私は、リーダーは常にメンバーや部下に対して理念や指針を伝え続けなければいけないことを改めて教訓としました。学園理念という全体の大きなことから始まり、本書でこれまでにお伝えしてきたようなさまざまなことを校長、課長それぞれに勉強会を催し、伝え続けることが重要で、それがリーダーである自分の役割だと。

人間は「慣れ」の動物です。最初は感銘を受けたことや新鮮だったことでも、日に日に色あせ、〝当たり前のこと〟になってしまいます。私たちが何のために存在し、何のために仕事をし、そのために普段はどうしなければいけないのか。こういったことは、会社や組織に属しているとあまりに当たり前すぎて、つい無意識になりがちです。

「挨拶をすること」や「成長のためのスキルを磨くこと」「ゴミを拾うこと」などの日常的なことについても同じです。「そもそも何のために挨拶をするのか?」ということが正確にわかっていないと、本来求められているものとはかけ離れた挨拶をしてしまうことになります。だからこそ、リーダーは大切にしている理念や指針があるならそれを伝え続け、かつ、自身が実践し続ける必要があります。

問題が起きたときに「ウチはこのような考え方だから、このように行動してください」とあとから言うのではなく、たとえば朝礼や終礼、定期的なミーティングなどのリーダーが発言するタイミングで言い続ける。あまり言いすぎると煙たがられたり、リーダーの指示なしには動かないような人間に育つことを懸念するかもしれませんが、そんなことはありません。勝手な判断と解釈で行動することがなくなるのです。

◉チームの絆を強められるリーダーになれ

人に尽くすことを通して感動を積み重ね、チームの絆を強めていくことで、リーダーはチーム全員を成功させられるようになります。

絆が強くなれば、もしもリーダーが困ったとき、助けてもらえるようにもなります。いざ困ったときやトラブルが起きたときに、リーダーだけが解決に奔走するのではなく、チーム全員で解決したり、意見を出し合う意識が生まれてくるのです。

そのために、チームの絆を強める力がリーダーに求められています。

強い絆で結ばれたチームを作るには、まずリーダー自身が「チーム全員を成功・成長させる」という意識を持つことから始めなければいけません。それを常にメンバーや部下に示していくことで、彼らの中に全員が成功するために「何か問題はないか？　おたがいがサポートしよう」と声をかけ合ったり、助け合う文化が徐々に生まれ、絆が生まれてくるのです。

そして、リーダーが「どれだけ仲間を大切にしているか」を伝え続けることも重要です。〝お膳立て教育〟のように何から何までやってあげるのではなく、困ったことがないかと声がけをしたり、もしあるなら相談に乗ったりフォローしたり、メンバーが出した成果があれば一緒に喜んだりすることで、絆が強まっていきます。

このように、一つの目標に対してみんなで支え合いながら進んでいく意識づけを欠かさず、「戦友づくり」ができるリーダーになってください。

勘違いしないでもらいたいのは、単に「仲よしこよしでいましょう」ということではありません。もちろん、チームの仲がよいことはすばらしいことです。コミュニケーションが円滑で、人間関係がよいことは働きやすい職場環境の条件です。

しかし、仲がよいことと甘いことは違います。仲よしこよしは「私はいい仲間に囲まれて公私ともに楽しく過ごしている」という意識で、これではおたがいに切磋琢磨する環境ではなく、単に仲間外れになりたくないだけのなれ合いです。

本来は「私はいい仲間たちのおかげですばらしい仕事ができている」というのが正しい考えです。

また、いつもよくしてもらっているからと、注意しなくなったり、ミスを許したり隠したりすると規律が乱れていきます。このような状況が続くと、間違いなく大問題に発展します。さらには、問題を起こした当事者を変な正義感から感情論で助けようとします。すると、問題がますます複雑になっていき、対応を間違えると大量の離職などにもつながりかねません。

◉部下の人生を丸ごと受けとめられるリーダーになれ

数年前に高校教諭が、勤め先の入学式を欠席して我が子の入学式を優先させたことが話題となりました。世論は容認と非難の２つに割れ、非難した有名人のブログが炎上するなどの騒ぎにもなりました。

もしも、あなたがその高校教諭の上司で、「我が子の入学式のために欠席したい」と相談されたら、どう返事をしますか？

ちなみに、私の個人的な意見で言えば**「我が子を優先させよ」**です。まず、そのような状況になれば何とかうまく都合がつくようにスケジュールを検討してみます。

もしも両方への出席が可能なら、できるだけ急いで動いてもらえばいいですし、不可能な場合は我が子を優先してもらってかまいません。生徒のフォローは上司がすればいいですし、その日に教員がいなくても生徒たちの人生に大きな影響があるとは考えられないからです。逆に、一生に一度の入学式や卒業式に親が来なかった子どもの気持ちを考えると寂しくてたまりません。親の側も必ず後悔し、仕事へのモチベーションが下がるでしょう。

極端な例かもしれませんが、**リーダーとしてメンバーや部下を持ったなら、彼らだけではなく彼らの家族のことも最優先に考えられる人になってもらいたいです**。自分のこともちろん大事ですが、自分の大切な人のことはもっと大事なもの。リーダー自身がそう考えるように、メンバーや部下に対しても同じように考え、それらも丸ごと受けとめられるリーダーになってください。

◉部下の夢を１００パーセント応援するリーダーになれ

毎年、当学園に入学してくる約１０００名の生徒たちには、何かしらの志や夢があります。

「美容師になりたい」「自分で店を持ちたい」「人を美しくする仕事を通して自分も輝きたい」――その内容は十人十色ですが、教員はそういう生徒たちのチームのリーダーとなり、生徒を後押ししていきます。

一般の企業でも同じだと思います。「トップ営業マンになりたい」「最年少部長に昇格したい」「いつかは独立して起業したい」「これまでにない自社製品を開発して世界をアッと言わせたい」「自分のスキルでお客さまに幸せを提供したい」など、そんな**彼らの夢を１００パーセント応援できるリーダーになってください。**

部下が夢を語ることがあれば、それを否定するのではなく「すごくいい夢だね」と言ってあげる。そして「それを成しとげるためには、これが必要じゃないか？」とヒントを示してあげる。リーダーの言動の一つひとつが小さな感動としてチームのメンバーや部下の心の中で積み重なります。当然、彼らは全力で仕事をしてくれますし、たとえチームを卒業していったとしても「あなたのもとで働けて本当によかったです」と前向きに〝巣立って〟くれるでしょう。

もちろん、リーダーとして人が離れてしまうのは悲しいことです。

しかし、本人が夢を追いかけるために巣立っていくのであれば、その足を引っ張るより人生を応援できる方が、リーダーとしての存在意義はずっと大きいと思います。

ただ、夢がないメンバーや部下を否定しないでください。人生を甘く見ていると思うかもしれませんが、今はまだ自分が本当にしたいこと、生きていくためにしなければいけないことが見つかっていないだけです。そんな彼らも社会、仕事、プライベートなどでさまざまな経験を積み、苦楽を乗り越えていく中で見つけていくはずです。

◉自分の足で立てる部下を育てられるリーダーになれ

メンバーや部下がリーダーのもとを巣立っていくのは、何も独立だけではありません。異動もその一つと言えます。

技術畑で育った人が営業に行く、逆に営業でバリバリやっていた人が総務系の社内業務になるなど、必ずしも希望する得意ジャンルだけで順当に経験を積み、昇格していける人ばかりではありません。そんな辞令が降りたときでも、**「どんな環境でもチャレンジして**

いきます」と胸を張れるメンバーや部下を育てられるリーダーになってください。彼らが異動先ですぐにうまくできるかどうかは、それほど問題ではありません。むしろ、最初はできなくてもいいのです。わからないことがあれば先輩や仲間に質問して情報を仕入れ、さらに自分で考えて行動し、やがては結果を出してくれればいいのです。

そのためには**小さな成功を積み重ねさせることが重要です。**そして、目標を乗り越えるたびにほめること。「こういうことができるようになったね、すごいね」と伝えてあげる。すると本人は成長を実感し、やがて「自分はできる人間だ」という自信を持ちます。意識の自立につながるのです。

ただし、**ほめるときにはほめて終わるのではなく「次はこれをできるようになろう」という次の小さな目標を必ず伝えましょう。**そうでなければ、満足してしまって成長がストップしかねません。

◉感動を伝え続けられるリーダーになれ

人間は、ある習性を持っています。それは**「感動したこと・腹が立ったことを広めた**

い」というものです。

フェイスブックやツイッターなどのＳＮＳを見てもらえればわかりますが、投稿されているのはよくも悪くも何かしらの形で心が動いたものばかり。心の中にいいもの・悪いものが積み重なると、「私はあの人にこんなことをしてもらって、すごく嬉しかった（腹が立った）」などと発信したくなるのです。その広がり方は、ネットが発達した現代ではパンデミック規模です。

しかし、そのどちらを広めてもらいたいかと言えば、やはり「感動したこと」を広めてもらいたいものです。いい言葉や行動を受け取ると、人は誰かに伝えようと同じ言動をして、自分が受けた感動を共有しようとします。チーム全員がそれをすれば自然とチームの雰囲気も明るくなり、チーム全体がよい行動をしようとすると、今度はそれがいいエネルギーに変わります。

リーダーがメンバーや部下に感動を与え、メンバーや部下は同僚やお客さまに感動を伝え、結果、チームが評価されてリーダーもまた評価される。

感動を伝え続け、このいいサイクルを作れるリーダーになってください。

第7章

感動マネジメントで人を幸せにする人になろう

他校の反対を乗り越え、西日本一の美容専門学校へ

最後になりましたが、私自身がなぜ、父親の美容専門学校を継いで経営者になったのかをお話しします。

そもそもの始まりは、学園の名誉理事長である父親（２０１４年に73歳で他界）が山口から大阪へ出てきて、生計を立てるために理髪店に就職したところからです。修行の末、独立して自分の店を持った父親は、それから理容室・美容室を関西中に30店舗まで拡大していったのですが、他の大型サロンと同様に、専門学校を卒業したばかりの生徒を採用し、育成していました。

ところが、専門学校を卒業しているにも関わらず、彼らは技術的に非常に未熟であり、さらにお客さまへのおもてなしの心もありませんでした。

父親はこのような状態を、大変危惧していました。そして、あるとき「即戦力として就職先で活躍できる生徒を育てる美容専門学校を自分で作ろう」と決意したのです。

こうして1986年、大阪市内最大の繁華街・梅田に「ベルェベル美容専門学校」を起ち上げたのですが、ここに大きな壁が立ちはだかりました。条件が揃っているにも関わらず、他校からの反対で学校法人としての認可が下りなかったのです。

それにより、父親の夢ははかなく消えたかに思えました。しかし「捨てる神あれば拾う神あり」のことわざ通り、救いの手が差し伸べられる出来事がありました。

熊本で美容専門学校と幼稚園を経営していたある理事長が、とある理由で美容専門学校を手放さざるを得なくなったのです。その話がめぐりめぐって父親のもとへやってきました。

父親は「ぜひ、その跡を継ぎたい」と名乗り出ました。

この熊本の美容学校はすでに学校法人の認可を得ていたので、結果的に大阪校と熊本校に「ベルェベル美容専門学校」を開校させることができたのです。

そしてその後、神戸に1校、大阪にももう1校を起ち上げ、計4校を開校しました。現在までに、生徒数2000人の、西日本一の美容専門学校にまで成長させたのです。

父親から受け継いだ、創業者の思いと考え方

私は1977年、大阪府豊中市に4兄弟の末っ子として生まれました。

子どもの頃から、私たち兄弟は父親が経営者として働いている姿を見て育ちました。美容室を経営していますから基本的に土日は休めない。学校行事などにはほとんど来られないのが普通でした。

兄弟のうち、私以外はそれぞれ何かに特化した道に進んでいきました。長男は父親が創業した理美容室を継ぎ、次男は食品業、三男は不動産業。それぞれの分野で父親によって向いているものを見出されたのだと思います。

一方で、末っ子の私には特にそういうものがなかったのだと思っています。だから、今後の学園の方向性や相性なども考えて、私に継がせることにしたのでしょう。大学生になる頃には、私はもう学園を継ぐことが決まっていました。私自身もアルバイトを通じて接客や販売、教育などの経験をしていましたので、なんとなく継がなければいけないイメージがありました。

覚えているのは、中学生の頃から父親と毎週のように喫茶店へ行き、経営者としての考え方や悩みなど、漠然とですが、仕事の話を聞かされていたことです。たとえば、枕元にメモを置き、寝ているときでもアイデアが浮かべばすぐに書くようにする。**会社のトップとして、どんなときにアイデアやヒントが湧いてくるかわからないという心がまえで常に考え続け、準備をする。**「こんなとき、お前ならどうする？」と仕事上の悩みを打ち明け、中学生の私からでもヒントを得ようとする。特に、何があっても仕事最優先の姿勢は「経営者」だからなのだというのを子どもながらに感じていました。今になって振り返れば、父親はとても事業継承への思いが強かったため、未来に役立つさまざまなことを早くからインストールしていてくれたのかもしれません。

平成12年に学園へ入社して、子どもの頃にはわからなかった創業者の思いと苦労がよくわかりました。入社するまで、父親から直接「人」を感動させた話は聞いた記憶がありません。私が入社して、教職員を通して父親に感動を受けた話を聞くようになり「人の心を動かすのがスゴい」と心から尊敬するようになりました。

感動にフォーカスしたリーダー育成で起死回生

私が理事長の職を継いだとき、学園の業績は3年連続で下がっている状態でした。

そこからさらに2年間、どういう手を打てば回復できるか悩みました。時代の流れはたしかに美容業界を苦しめていましたが、それ以外にも明らかに自分たちにできていないことがありました。

それが、「離職原因の矢印を自分たちに向ける」ということでした。

「会社をどのような方向にもっていきたいか」というビジョンだけはとても強く私の中にありました。そのために人を動かさなければいけないということも、わかっていました。

ただ、やり方がわからなかった。

そんな中で、父親がかつて教えてくれたヒントが浮かびました。

「人は悩み事や課題を自分だけで抱え、深く考えこんでしまう。最初はそれですんでも、悩みが増えれば何も解決させられないままいつかはパンクしてしまう。だから**不安が生まれたら、とりあえず『情報に明るい○○さんに明日聞こう』『関連書籍を買って調べてみよう』と行動の答えだけは決めておく癖をつける**」

当時の私には、まだ決断する能力がありませんでした。新人のリーダーとして、年上の部下たちに「ああしなさい」「こうしなさい」と指示することができなかったのです。さらに、基本的には校長や部長、課長たちの方がその分野では私よりもずっとプロでした。経験値も情報量も圧倒的に私よりもある。だから、きっと何かしらの案を持っているはず。ならば、彼らが本当にどうしたいかを引き出し、それと自分の思っている学園の方向性をマッチングさせようと思ったのです。

まずは、私が大まかな事業計画を作成し、各部署から新たな提案、修正を取り入れ最終的な事業計画を完成させました。そこから各部署が詳細な計画を立て、次年度計画を完成させます。以降は毎週の会議で提案を受け、承認していきます。各部署が責任を持って作ってきたものに関しては、事業計画がしっかりしているので大きなブレはありません。各部署は自ら考え立案し、実行していかなければならないようになります。

どの仕事も一つの部署だけで完結するものばかりではありません。他部署との調整が必要になることもあります。各部署が壁をなくし、力を合わせて会社を発展させる意識にならなければ、自分の仕事も進まない仕組みになりました。

また、当学園の学園理念は、以前は「社会貢献」でした。

しかし、もっとみなさんに我々が何を目指しているのかわかりやすく示そうと考え、**「ロイヤル学園に関わるすべての人へ教育を通じて感動を提供し、社会に貢献する」**と変更したのです。

そして具体的な行動として、先ほど述べた事業計画の進め方、福利厚生の改善、採用から研修の改善、次にリーダー育成を行いました。

それが、主任と課長など中堅幹部を集めた勉強会です。「自分に矢印を向ける」という考え方や「感動」について、学園が存在する目的、人のあつかい方、仕事の進め方、数字の分析の仕方などを、おたがいに勉強する環境を作りました。この勉強会は1期が月1回×計4回のワンセット。一泊二日の合宿形式で行い、これまでに4期行われています。他にも、校長・部長・課長が参加する「学園幹部会」、校長・部長が参加する「校長会」もあります。

このようなトップダウンからの転換、そしてリーダー育成を続けた結果、私が理事長に就任してから**3年後には、毎年30パーセントだった離職率が13パーセントにまで下がりま**

した。生徒数も７パーセント増という嬉しい結果になったのです。

これもすべて、各学校のリーダーを通じ、教職員が学園理念を理解し、一つひとつの行動を積み重ねてくれているからだと確信しています。

技術を育み、心を育む。それが感動させる力になる

当学園は現在、毎年約１０００人の生徒さんに入学いただいています。

父親が創業時に掲げた**「美容家として技術を磨くことだけではなく、心を磨く」**という、この教育方針が多くの方から支持されてきた結果だという自負があります。卒業生がどこの美容室に勤めても、オーナーやお客さまに喜ばれ、それが口コミで評判を呼び、当学園はどんどん生徒数が増え、規模を拡大させていったのです。

たとえば、髪を切るのは物理的な行為ですが、そこには１００人１００様の思いがこめられています。多くの人が、何か転機を迎えるときや迎えたいときに髪を切ると言いま

す。気持ちを切り替え、新しい自分に出会うためです。今まで内向的だった20代の女性が、ショートカットにしておでこを出したことで、明るい表情になり、自信を持てるようになることもあります。高齢で髪が薄くなったことを気にしている女性を担当した美容師が、その女性を若々しい髪型にしてあげて、とても喜ばれることも。

このように、ただ髪を切る技術だけでなく、お客さま一人ひとりの希望を聞き出し、夢をかなえ幸せにするのが美容師の本当の仕事なのです。

私は父親が創立した学校を継いでいる立場ですが、父親が遺してくれた**「技術を育む、心を育む」**というこの2つの姿勢は、これからも社会に残していかなければいけないものだと思っています。また、父親は「俺は絶対にあきらめない。業界を変えたる」と何度も口にしていたものです。その姿を今も覚えていますし、その言葉も受け継いでいきたいと考えています。きっとそれこそが、父親の願いだとも思うからです。

そして、たとえ形は見えなくても、その願いは「感動を提供し、幸せにする力」として必ずお客さまに届くと信じています。

美容業界のリーダーの一人として実践している3つのこと

本書を執筆している現在、私はまだ40代に入ったばかりですから、きっとまだまだリーダーとしての人生は続くでしょう。

父親から受け継いだこの学園と約１７０名の教職員と約２０００名の生徒たちのためにも、北は北海道から南は沖縄まで、「ベルェベルといえば、すばらしい教育をしている美容学校だね」と言われることが夢の一つです。そのためには**教育の質をアップさせること、時代に合わせた指導の仕方や技術の向上、生徒たちが業界を離職せずに活躍することに目を向け続ける必要がある**と思っています。

そこで、学園が行っている３つのことをご紹介します。

① 教育の質を上げる

学校を卒業した生徒たちが美容業界で離職する背景の一つには、イメージと現実のギャップが大きいことがあります。

勉強をして社会に出たはずが、実際の現場では学んできたことをほとんど発揮する場所がない。店に所属になっても、最初の3年間はアシスタントとしてお客さまの髪を切らせてもらえないのは当たり前で、では何かを教えてもらえるのかと言えば「とりあえず黙って先輩の仕事を見ていなさい」という風潮です。させてもらえることと言えば掃除くらいで、後は立って見ている、または外にチラシを配りに行くだけ。これではつまらなくて離職を考えるのもやむなしです。

そこで学園では、きちんとそういう現実をあらかじめ教えてギャップを少なくするだけでなく、希望する生徒にはもう1年間、学園のプロ科に進んでもらい、そこで実際にお客さまの髪を切ることを体験させます。料金も500円ですがちょうだいし、お金をもらっている立場の責任を認識させ、入店から退店までをトータルで実践し訓練を重ねます。生徒一人につき年間で400人近くのお客さまを担当しますので、卒業の頃には入店から退店まで45分程度と、一般のサロンと変わらない仕事をこなせるようになるのです。当然、社会に出てからのギャップも埋めることができるので、生徒たちはより安心して社会に羽ばたいていくことができます。事実、プロ科の卒業生は1年以内の業界離職率が10パーセント未満と一層低いことは数字にも顕著に表れています。

美容師が辞める理由を、美容業界やサロンの責任だけにしてはいけません。我々の教育においても、もっと改善すべきことがあります。そのため、オーナーになった卒業生を3ヶ月に一度集め、情報交換会をしています。今の在校生はどのような就業意識なのか、離職が少ないサロンはどのような対策をとっているのか、またサロンの現状を我々が把握することにより、**学園とサロンがおたがいに力を合わせて業界の離職低下に貢献したい**と考えて取り組んでいます。

②卒業生たちへのサポート

学校法人を運営している以上、**「卒業生のその後＝私たちの教育の成果」になります。**「卒業したらもう関係ない」ではありません。その後の生徒が立派に育っても、社会でまったく使えなくても、その要因の大きな部分はよくも悪くも教育した側にあるのです。

ある日、ふと「我が校を卒業した生徒たちは今、幸せなのか？」と考えました。卒業生たちが社会でどう活躍しているのか、もしくは残念ながら離職してしまっているのかを知り、**フォローすることも自分たちの役割だと考えました。**活躍してくれているなら、その話を聞かせてもらいたいですし、もしも困り事や悩み事を抱えているなら、相談に乗って解決したい。万が一、離職してしまっているなら再就職の相談も行いたいとの思いから、卒業生をサポートするための部署を起ち上げました。

効率はよくないですし利益が出るものでもありませんが、**目的は「美容業界の人手不足を解消するため」**と掲げています。学園として取り組まなければいけないことだと考えているのです。活動を始めて2年がたちましたが、**一般的な統計で出ている美容師の1年目の業界離職率は50パーセントですが、本学園の卒業生は14パーセントと、大幅に低い数字を示しています。**

③海外展開

実は、海外のほとんどの国には美容師の国家資格はなく、ハサミを持った瞬間から「今日から美容師」になれます。

たとえば英会話スクールや、メイクや着付け、エステ、ネイルのスクールなどで、国家資格なしでも働ける専門技能職が日本にもありますが、海外では美容師もそれらと同じなのです。当然ながら衛生面や技術面、サービス、賃金、社会的地位は低いと言わざるを得ません。

ちなみに、日本でも理容師・美容師はこれまで社会的地位の低い存在としてあつかわれてきました。今でこそ改善されてきてはいますが、それはサービスと技術を徹底してきたから。美容業界全体がその意識を持ち、少しずつ実現してきたからです。（それでも低賃金や長時間労働などが離職率の高さの要因となり、まだまだ働く環境の改善が必要なところはありますが）

だから私は、その日本の美容技術・接客・サービスを、ぜひとも海外に広げたいと思っています。海外に学校を作って教育を普及させること。さらに海外で活躍したいと考えている人たちを支援するためにも、その受け入れ先を探すことも、今後はやっていこうと動いています。

「楽しくなければ会社じゃない！
面白くなければ仕事じゃない！」

「楽しくなければ学校じゃない！　面白くなければ授業じゃない！」という教育目標が以前当学園にはありました。これは会社・組織・チームにも当てはめることができると思います。共通しているのは、**「楽しい＝ラク、面白い＝オモシロおかしい、ではない」**ということ。

当学園の場合は、生徒も教職員も本気でとことん、わかるまで、できるまでやります。がんばり抜いてこそ成長を実感でき、情熱を注げる夢が生まれるからです。そして学園生活を振り返ったときに、心から「楽しかった」「面白かった」と、それまでの日々が「感動」に変わるのです。

今は「ミライ創造の旗手であれ」という教育目標になりました。

社会において、多くの人は〝義務感〟で働いていると思います。「生活のため」「お金のため」「娯楽のため」。その価値観で働くのであれば、仕事は選ぶ必要がないので何でもいいという考えに行きつきます。

しかし、現実にはどの業界でも慢性的な人手不足で、離職におびえ、採用・育成に時間とお金と労力をかけています。結局これは、働く側が「仕事は何でもいい」とは思っていない証拠なのではないでしょうか？　やはり、働きながらでも充実感を得られれば人生はプラスになります。それがお金に換われば、なおいいでしょう。そのために、これからのリーダーが考えるべきは、**働く人たちに充実感を感じさせられる職場を作ること。**それを破壊するような行為は、してはいけないのです。

この世のほぼすべての商売は「人ありき」です。お客さまも人ならば、サービスを提供する側も人。彼らが人に尽くし、感動を与えられる人材になるためには、**リーダーが率先してその環境を作っていくことが重要です。**

どうぞ、あなたも今すぐ率先して人を幸せにする人になってください。

「感動マネジメント」は、リーダーの意識一つで始まるのです。

おわりに

理事長に就任してから、社内報や勉強会を通じて多くのことを仲間たちとともに学んできました。内容は一貫して「人」です。

人が人を幸せにして、人が企業を育て、人が社会に貢献していく。

すべてに人が関わっているからこそ、「人」は一番大切にしなければいけないことだと思っています。

父親が残してくれた偉大な財産――それは、ロイヤル学園でともに働く仲間たち。仲間たちが理念に沿ってすばらしい人材を世に輩出し、業界に多大な貢献をし続けているから今のロイヤル学園があると思っています。

その仲間たちの幸せのために何ができるかを常に考えてきました。

「ロイヤル学園で働けて幸せです」と全員に言ってもらえるのはいつの日か。

そのとき、この学園は学校としてではなく、業界の先駆者として社会的に認められるようになるのだと信じています。

私は父親から多くの経営哲学を学び、それが今でもトップとしての信念の礎《いしずえ》となっています。本書では、それを「リーダー論」としてみなさんが活用できるように、徹底してお伝えしてきました。

これから先、亡き父親から教えてもらうことはできません。かわりに今は、多くの経営者から哲学を教えていただいています。やはりみなさん、共通して「人を大切にする」ことが成功につながり、「人を雑にあつかう」ことが失敗につながると言っています。

経営の全責任を負う経営者と、組織のリーダーの立場は違います。経営者目線の話はなかなかリーダー層には響きません。また、本書を手に取ったあなたや、ビジネス書を読まれる方々の多くは、何かしらの〝正解〟や〝必殺技〟を求めていると思います。

私も過去にさまざまなビジネス書を読んできましたが、答えや必殺技なんてものはなく、**どの本も共通して「理念を遂行しろ」「信念を持て」「覚悟を決めろ」「人を思いやれ」**

と伝えています。そして、私の出会った多くの経営者や父親もまた、同じことを言っていたと気づきました。

答えや必殺技はあなたの性格や今までの実績に合わせて自身で見つけていくべきだと私は考えます。そのために大切なことが**「あり方」であり、最初に考えなければならないことが「人」なのです**。

この本は、学園の成功を世に広めるためのものではなく、人を大切にするために行ってきたことを体系化し、そのいくつかでも、リーダーであるあなたのヒントにしてもらえればと執筆しました。

当学園にもまだまだ課題が残っています。社内報や勉強会を通じて伝え続けても人が集まれば問題は必ず起こります。理念が浸透していないと悩む日々もありました。本書を執筆するにあたり、ロイヤル学園が抱える経営課題の一つを解決したいという思いを込め、迷いなく「人材マネジメント」をテーマに選びました。そして、これまで部下たちに伝えて実践してきたことを思い起こして、頭の整理をすることが一つの課題解決の方法だと考えたのです。

この本は、当学園の教職員の勉強会でも活用できるよう作りました。また、生徒が社会に出たときに何かしら役に立てば、とも考えています。読んでいただいた多くのリーダー、そしてリーダーだけでなく、リーダーを支えている方にも、「人を幸せにする」ことがどれだけ自分の充実した人生につながるかを考える機会にしていただければと思います。

最後になりましたが、出版のきっかけを与えてくださった株式会社スパイラル・アップの原代表、天才工場のみなさま、執筆のアドバイスをくださった廣田祥吾さん、辰巳出版株式会社のみなさまに、この場をお借りして感謝申し上げます。

加えて、ロイヤル学園の教職員、教職員のご家族のみなさま、生徒たち、生徒の保護者さま、これからロイヤル学園に入学してくる高校生たち、高校の先生方、お取引先さま、就職先企業さま、私を支えてくれているみなさま、私の家族、我々に関わるすべての方々へ、教育を通じて感動を提供し、社会に貢献することが最大の恩返しだと思っています。

これからもみなさまのご指導ご鞭撻のほど、よろしくお願い申し上げます。

そして僭越《せんえつ》ながら本書を読んでくださったあなたへのご挨拶に代えて、この言葉を贈ります。

本書を通じて感動マネジメントを実践し、本当に人を大切にするチームを作っていってください。

健闘を祈る！

2018年3月

学校法人ロイヤル学園　理事長
斉藤　真治

進行	中嶋仁美　説田綾乃　永沢真琴　髙橋栄造　湯浅勝也
販売部担当	杉野友昭　西牧孝　木村俊介
販売部	辻野純一　薗田幸浩　髙橋花絵
	亀井紀久正　平田俊也　鈴木将仁
営業部	平島実　荒牧義人
広報宣伝室	遠藤あけ美　高野実加
メディア・プロモーション	保坂陽介
	Mail：info@TG-NET.co.jp
編集協力	廣田祥吾
出版プロデュース	吉田浩（株式会社天才工場）
デザイン	市川さつき　徳永裕美（株式会社デジカル）
イラスト	村山宇希

ずっと働きたいと思える職場の作り方

平成 30 年 4 月 1 日　初版第 1 刷発行
令和 7 年 2 月20日　2 版第 3 刷発行

著　者	斉藤真治
発行者	廣瀬和二
発行所	辰巳出版株式会社
	〒 113-0033
	東京都文京区本郷 1-33-13　春日町ビル 5F
	TEL　03-5931-5920（代表）
	FAX　03-6386-3087（販売部）
	URL　http://www.TG-NET.co.jp
印刷所	大日本印刷株式会社
製本所	株式会社セイコーバインダリー

Printed in Japan
ISBN　978-4-7778-2045-0　C0030